LA VAMPIRE,

OU

LA VIERGE DE HONGRIE.

PAR LE B^on DE LAMOTHE-LANGON.

Regarde, Edmond, c'est moi, dit-elle;
Moi qui t'aimai, que tu trompas;
Moi dont la tendresse fidèle
Vit encore après le trépas.

Rom. de Marguerite, par M. DE JOUY.

TOME II.

PARIS.

CHEZ Mme CARDINAL, LIBRAIRE,
rue des Canettes, n° 18, Faub.-St-Germain.

1825.

LA VAMPIRE,

OU

LA VIERGE DE HONGRIE.

IMPRIMERIE D'A. CLÔ,
rue S.-Jacques, n. 38.

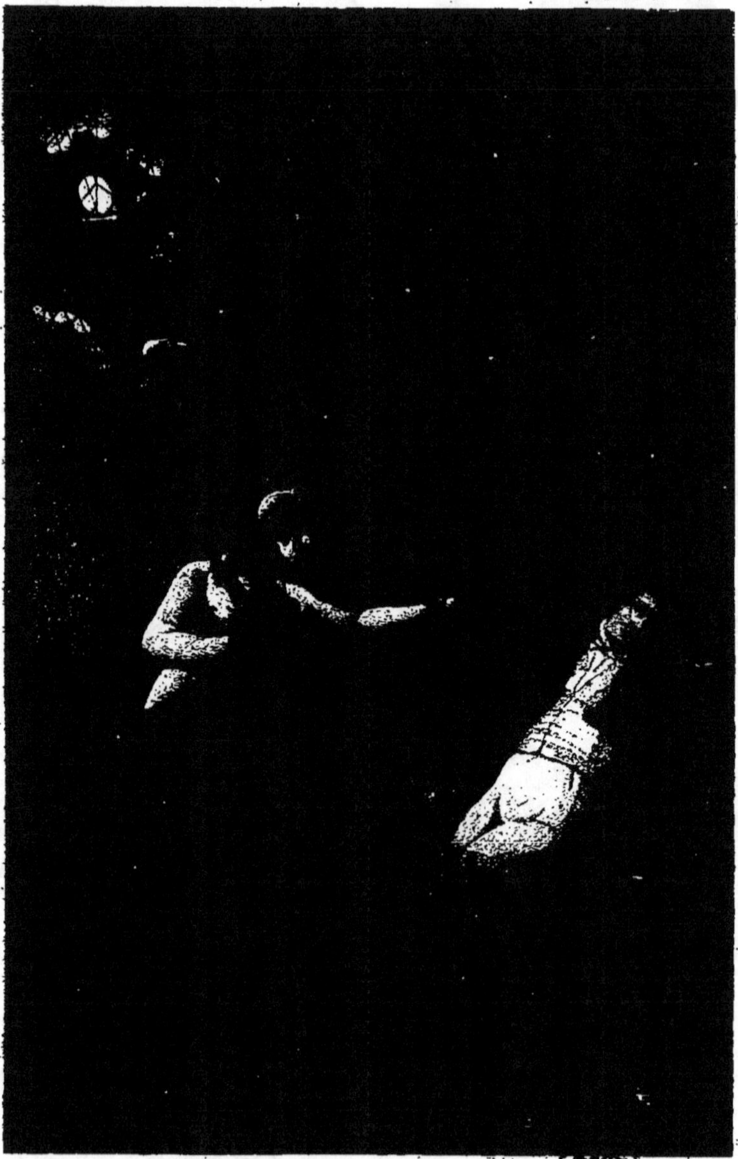

Tom. 2me

À moi la mort!....

LA VAMPIRE,

OU

LA VIERGE DE HONGRIE.

PAR LE BARON DE LAMOTHE LANGON.

> Regarde, Edmond, c'est moi, dit-elle ;
> Moi qui t'aimai, que tu trompas ;
> Moi dont la tendresse fidèle
> Vit encore après le trépas.
>
> Romance de *Marguerite*, par M. DE JOUY.

TOME SECOND.

PARIS,
CHEZ Mme CARDINAL, LIBRAIRE,
RUE DES CANNETTES, No 18.

1825.

LA

VAMPIRE.

CHAPITRE VIII.

La profonde retraite dans laquelle l'étrangère continuait à vivre cessait chaque jour de moins éveiller la curiosité publique : on ne peut toujours s'occuper du même objet, et dans R*** comme au sein de la ville la plus populeuse, la marche de l'esprit humain ne change pas de direction. On parlait déjà à peine des habitans de la maison isolée, lorsqu'un nouvel événement, frappant avec plus de force l'attention des villageois, acheva de leur faire perdre le souvenir d'Alinska et de son domestique.

Il y avait dans la commune une jeune fille, brillante de force et de santé, qui était, tant par ses charmes que par sa fortune, le point de mire de tous les jeunes villageois de la contrée. Chaque fois que Paschale se montrait dans une fête, elle voyait sur-le-champ se former autour d'elle un cercle de rustiques admirateurs, qui, à leurs manières, lui prodiguaient les adorations que partout les amans adressent à la beauté. Paschale, long-temps, demeura indifférente; elle recevait les hommages, mais ne distinguait aucun de ceux qui les lui prodiguaient. Enfin, un fermier de la commune de Montbrun parvint à toucher le cœur de la belle indifférente.

La proclamation du choix de Paschale irrita l'amour-propre de tous ceux qui devaient perdre l'espoir. Des menaces furieuses retentirent de toute part contre cet heureux séducteur, et plusieurs pactes, dit-on, furent formés, afin de mettre obstacle à une union qui désespérait tant d'amans dédaignés. Tranquille au milieu de l'émotion générale, le couple fortuné se préparait à serrer les nœuds d'une tendre union. Ils n'attendaient plus, pour leur mariage, que le retour du maire, qui, dans le moment, n'habitait point R***. L'adjoint était également absent; et le retard qu'ils occasionaient, s'il plaisait aux rivaux du fermier Merlet, le plongeait dans de vifs mouvemens d'impatience. Cependant, comme les officiers municipaux d'une commune ne peuvent pas toujours en être éloignés, l'époque de leur retour était prochaine; ils devaient revenir le samedi au soir, et le lendemain, avant la messe, les cérémonies civiles auraient précédé la célébration du saint nœud. Le samedi était le même jour que Raoul avait choisi pour aller faire à la Hongroise cette visite dont les résultats avaient été pour lui si peu satisfaisans. Il était invité à la noce de Paschale, et devait, le lendemain au point du jour, se réunir aux amis de l'époux, afin, soit de se réjouir ensemble, soit d'empêcher les tentatives furieuses que pourraient essayer des rivaux de mauvaise humeur.

Après le souper, Raoul passa dans sa chambre, encore tout occupé de ce qu'il avait vu dans la journée. Il avait sans cesse présente la force colossale du vieux domestique, et il lui semblait voir couler le sang de la blessure qu'Alinska lui avait montrée. Tandis qu'enseveli dans une série de pensées qui occupaient péniblement son esprit ; il portait ça et là dans la chambre un regard distrait, ses yeux s'arrêtent tout à coup sur un seul objet, et une exclamation lui échappe. Son fusil, celui dont il avait menacé les agens de la Hongroise, était brisé ; et quel fut son étonnement, en apercevant que le canon *même* avait été mis en pièces !

A ce coup imprévu, et qui lui paraissait hors de la portée de la force humaine, il sentit un froid glacial le saisir ; et, la bouche béante, la main étendue, le corps à demi courbé, il demeura assez long-temps dans la même position. Ceci passait absolument l'étendue de sa perspicacité ; il ne pouvait plus y assigner de cause naturelle, et dans son involontaire effroi ; il fit presque en lui-même le serment de ne plus se mêler de ce qui concernait Alinska, reconnaissant que, pour joûter avec avantage contre elle, il fallait un pouvoir supérieur aux faibles moyens qu'il possédait.

Un temps considérable s'écoula, avant qu'il pût trouver le sommeil. Il tressaillait à chaque bruit nocturne qui parvenait à son oreille. Entièrement abattu, il ne conservait rien de son énergie ordinaire, et il rentrait, par sa faiblesse, dans la classe des hommes dont tant de fois il avait méprisé la pusillanimité. La fatigue, enfin, le jeta dans un affaissement, qui fut suivi d'une espèce de léthargie; car il était sept heures du matin, lorsqu'il se réveilla au bruit que faisait à la porte une personne qui heurtait vivement. Raoul alors se rappela la noce à laquelle il était invité, et croyant qu'on venait le chercher pour s'y rendre, il se leva, tout honteux de sa paresse. En ouvrant la porte, il reconnut un villageois de ses amis, et demeura frappé de l'effroi douloureux qui était peint sur sa figure. Il allait lui en demander la cause, mais le survenant le prévint.

« Ah! M. Raoul, lui dit-il d'une voix entrecoupée, quelle horrible catastrophe a eu lieu cette nuit! Paschale est morte, affreusement assassinée!

— Que me dites-vous là ! Mathurin, et qui a commis ce crime atroce ? vous me faites frémir en me l'apprenant.

— Hélas ! il n'est que trop vrai, mais on ignore le nom du meurtrier ; il s'est introduit dans la chambre, il l'a saignée aux quatre veines ; et cependant, par une particularité qui étonne tout le monde, il n'y a plus de sang dans le corps de la victime, et à peine en trouve-t-on quelques faibles gouttes sur les draps du lit.

— Pas de sang ! s'écria Raoul consterné, pas de sang ! ô ciel ! les horreurs de la Hongrie se renouvelleraient-elles en France ! »

Après ce peu de mots, il s'arrêta, fâché peut-être de les avoir prononcés ; mais le mal qu'il eût voulu éviter était fait. Le villageois Mathurin, piqué dans sa curiosité, réclama avec instance l'explication d'un propos qu'il ne comprenait pas. Vainement Raoul essaya de détourner la conversation, en demandant de nouveaux détails sur l'événement de la nuit; son compagnon ne prit pas le change, et, après lui avoir raconté ce qu'il savait, il revint à le presser de lui apprendre ce qui se passait en Hongrie. Il mit tant de persévérance dans ses questions, qu'il fallut bien le contenter, sous peine de se brouiller avec lui.

« Ma foi, mon cher, lui dit Raoul, vous ne me laissez pas plus respirer que ne faisaient les hussards noirs dans une déroute qui, Dieu aidant, se changea bientôt en une pleine victoire, le jour de la bataille d'Iena. Mais, puisque vous voulez savoir ce qui a lieu loin d'ici, écoutez avec attention, et, si ce soir vous avez peur, ne dites pas que c'est ma faute. Vous saurez que la Hongrie est un vaste pays jeté, à l'extrémité de l'Allemagne, sur la frontière de la Turquie. Là, les hommes, dans les campagnes, sont à moitié civilisés; ils ont plus de rapport avec les bêtes, qu'avec les gens comme il faut; ils passent leur vie dans une manière d'esclavage, auquel nous aurions de la peine à nous accoutumer. Mais si, durant qu'ils sont dans ce monde, ils demeurent soumis à leurs maîtres, ils prennent bien leur revanche lorsqu'on les a recouverts de six pieds de terre; plusieurs d'entre eux, après avoir été renfermés dans la bière funéraire, et couchés dans le tombeau, se relèvent durant les froides nuits de l'hiver, avec l'assistance de celui que M. le curé appelle le Diable, et reviennent sur la terre pour le malheur des vivans. Ces êtres, qui ne sont ni morts ni vivans, entrent nuitamment dans les demeures de leurs proches, de leurs amis; ils s'étendent auprès d'eux, et, ouvrant les veines de leurs victimes, ils sucent sans relâche un sang nécessaire à soutenir leur odieuse existence. Après la fin de chaque jour, et depuis minuit à une heure du matin, ils continuent cette abominable opération, jusqu'au moment où tout le sang enlevé amène le trépas à la victime. Souvent ils s'adressent à plusieurs personnes ensemble, et ils portent à la fois le deuil dans différentes familles. Dès qu'un de ces démons, qu'on nomme Vampires dans le pays, est lâché au milieu d'un village, on n'entend plus parler que d'effroyables événemens. Le deuil, la destruction les accompagnent; chaque habitant craint, pour lui et les siens, la visite de ces ennemis de l'humanité. On appelle les prêtres; leurs exorcismes sont sans succès; le Vampire n'en continue pas moins ses ravages.

Un seul moyen reste pour se délivrer de lui : il faut chercher, dans la terre, son corps, qui au premier aspect semble inanimé ; mais on ne tarde pas à le reconnaître à son embonpoint effrayant, à ses joues étrangement colorées, à sa bouche vermeille, et encore souillée du sang dont il s'est repu. Alors, on arrache du cercueil ce monstre détestable ; on coupe ses mains, sa tête, ses pieds ; rien ne serait fait encore si, avec un pieu aigu, on ne perçait son cœur, d'où s'élance, avec un cri épouvantable, un torrent de matières sanglantes, qui annonce que la vie échappe enfin à ce corps homicide. Puis, on termine la cérémonie par jeter dans le feu ces restes dégoûtans. Le pays alors redevient tranquille, jusqu'au moment où un nouveau Vampire se lève de son cercueil. Ce que je vous conte là, mon cher Mathurin, vous sera attesté par une nation entière, sur laquelle depuis bien des siècles pèse cet exécrable fléau, d'autant plus terrible que le vampirisme semble se propager. Un homme immolé par ces démons devient souvent lui-même un autre Vampire; les femmes sont également soumises à cette plaie. Et je ne finirais pas, si je vous racontais tout ce que j'ai appris dans la Hongrie à ce sujet, ou tout ce que j'ai lu dans un livre que M. le colonel Delmont a acheté, lors de son dernier voyage à Toulouse. »

Raoul aurait pu pérorer plus long-temps, sans que son auditeur songeât à l'interrompre : celui-ci l'écoutait avec une morne attention, aucune parole n'était perdue; il les retenait toutes, et déjà appliquait le terrible vampirisme à la mort inopinée de la jeune Paschale.

« Seigneur Jésus! s'écria-t-il, sont-elles possibles de pareilles histoires? Tenez, Raoul, je m'en veux de vous les avoir demandées, quoiqu'elles m'aient donné des lumières que je n'avais point jusqu'à ce moment. Grâce à Dieu, dans ce pays nous n'avions rencontré encore que des *faés* (fées), que des faiseurs de sort. Il y a bien de temps à autres quelques revenans, mais ils ne s'occupent qu'à faire peur aux vivans, à remuer les meubles d'une maison, à tourmenter les bergers ou les troupeaux dans les étables, et les pigeons dans les colombiers, comme cela arrive parfois à Souterrène ou à R***. Mais se nourrir de sang! il y a pour mourir de frayeur rien que d'y songer. Pauvre Paschale! c'est un vampire qui t'a ravie à ce monde. Allons, allons, il n'y a plus à en douter. »

Raoul, malgré sa secrète croyance, engagea Mathurin à donner un motif plus plausible au trépas de la pauvre fiancée; mais le paysan était trop avide de répandre les nouvelles lumières qu'on venait de lui donner, pour abandonner cette idée.

« Tout ce que vous direz, poursuivit-il, est bel et bon ; mais il n'est pas moins vrai qu'il y a là dedans du vampirisme. Je veux le publier à l'issue de la grand'messe, si même il ne conviendrait pas mieux de le faire auparavant, afin de faire prier Dieu pour qu'il nous enlève ce fléau. Mais quel est celui des nôtres qui peut jouer cet infâme rôle? c'est un point à éclaircir, et je vous quitte, pour aller en parler aux anciens de la paroisse. »

Les efforts de Raoul pour changer cette détermination furent en pure perte. Mathurin sortit précipitamment, presque consolé du malheur qui venait d'arriver, par la pensée qu'il pourrait en indiquer la cause. A peine parut-il auprès de l'arbre qui s'élève devant l'entrée de l'église, qu'il s'empressa de débiter sa narration aux premiers villageois qu'il rencontra. Le merveilleux de son récit frappa facilement des âmes ignorantes, sur qui la superstition a tant d'empire. Soudain, plusieurs groupes se formèrent; chacun ajoutait ses conjectures ou ses créations à ce qu'il avait appris çà et là; on ne douta point de l'existence de ces démons corporels, dont, pour la première fois, on apprenait l'histoire, et il fut résolu unanimement, quoiqu'avec des marques non équivoques d'épouvante, qu'un vampire s'était trouvé parmi le peuple de R***. On variait sur le nom du défunt auquel on attribuerait cette abomination. Ici les conversations devenaient plus mystérieuses ; on craignait, en désignant clairement celui auquel on songeait, de s'attirer la haine de la famille ; on passait en revue la vie de tous les décédés ; on citait les traits de leur malice, de leurs méchantes qualités, dont on se rappelait. Un enthousiaste s'écria, que le Vampire devait se trouver parmi ceux qui avaient acquis du bien d'église, particulièrement de ceux affectés aux âmes du purgatoire, et cette intimation terrible ne rencontra pas de contradicteurs. Cependant, une vieille femme, en hochant la tête, ne craignit pas de dire :

« Eh! ne vous rappelez-vous pas ce colporteur qui s'était montré si amoureux de Paschale? vous savez qu'elle le refusa avec mépris, et que le pauvre jeune homme partit pour Tarbes, son pays, en déclarant qu'il allait y trouver la mort. Eh bien! depuis ce moment on n'a plus eu de ses nouvelles, et c'est lui sûrement qui est revenu de l'autre monde pour faire le coup de la nuit dernière. »

Ce propos, débité avec assurance, parut aux villageois l'explication naturelle d'un prodige effrayant. On décida, à l'unanimité, que le colporteur, sans doute défunt, était le vrai coupable; et, en se séparant, on se promit tour à tour de faire prier pour son âme, et de se donner chacun des nouvelles de ce qu'on pourrait apprendre à ce sujet. Mais dès ce moment il ne fut plus question de l'Étrangère, et de ses bizarreries. On ne songea plus qu'au Vampire, dont on raconta les entreprises les plus singulières. Chaque matin, un nouveau récit était répandu : les uns avaient vu, au clair de la lune, une figure blanche sortir du cimetière, et marcher rapidement vers le village de Pechabou; les autres affirmaient que, longtemps avant le lever de l'aube, ils avaient aperçu, parmi les arbres qui ornaient les viviers de Souterrène;

une forme hideuse qui, sans toucher le sol, se balançait à leurs regards ; et avait disparu en laissant échapper une lumière blanchâtre qui avait illuminé momentanément la croupe des collines voisines ; tel, qui ne dormait pas, avait distinctement entendu un bruit sourd à la porte de sa demeure, comme si on avait voulu la forcer ; tel autre s'était senti embrassé dans son lit par un corps froid et gluant, dont il s'était débarrassé par une fervente prière, et la promesse qu'il effectuait de donner deux douzaines d'œufs et une paire de volaille à saint Lisier, protecteur du pays. Ces narrations, augmentées par ceux qui les recueillaient, répandaient au loin une terreur universelle; et durant long-temps, lorsque la nuit couvrait l'hémisphère, les paysans se consultaient plus d'une fois avant de s'aventurer tout seuls dans les chemins montueux de la commune.

Raoul, premier auteur de cette crainte nouvelle, ne la partageait pas entièrement. Un autre soin l'occupait : celui de connaître, d'une manière positive, les rapports que la Hongroise avait pu se procurer avec le château. Il soumit à une surveillance minutieuse et secrète, d'abord les deux femmes de service, et puis tous les gens de la ferme; il veillait sur leurs démarches les plus indifférentes; il demeurait des heures entières caché dans un réduit obscur de sa chambre, afin de surprendre celui qui pourrait s'y introduire. Ses démarches ne furent couronnées d'aucun succès; il ne put, avec quelque justice, jeter ses soupçons sur aucun des habitués du château; leur conduite était si régulière, si exempte de toute singularité, qu'il fut contraint de proclamer intérieurement, malgré lui, leur pleine et entière innocence.

Mais, loin de s'arrêter dans ses recherches, il les tourna d'un autre côté. Il savait que les vieux châteaux renfermaient presque toujours des souterrains inconnus, des passages secrets qui pouvaient servir à cacher de ténébreuses menées. Alors, afin de se tranquilliser également sur ce point, il fit, sous prétexte de se rassurer sur la solidité des murailles, une inspection générale des lieux, en la compagnie d'un habile maçon qu'il fut chercher tout exprès à Castanet, chef-lieu du canton; ils passèrent deux jours ensemble à sonder les lambris, les planchers, à frapper sur tous les gros murs; et partout où un son creux annonçait la présence de quelques cavités, on s'arrêtait pour connaître ce qui pouvait être caché en cet endroit.

La sévérité de cette recherche donna enfin la connaissance d'un couloir qui, s'ouvrant dans l'angle d'une pièce du rez-de-chaussée, descendait, par un escalier très-étroit, bien avant dans la terre, et dont la direction se prolongeait vers le nord-ouest. A la découverte de ce souterrain, et plus encore à la route qu'il semblait prendre, Raoul crut avoir trouvé le chemin par lequel on pouvait pénétrer dans le château. Suivi de son compagnon, et portant chacun une lanterne, ils voulurent le parcourir dans toute son étendue; mais, après s'être avancés durant l'espace environ de cent pas, ils furent arrêtés par des masses de rochers qui ne leur montrèrent aucune issue. Après avoir essayé si on ne pourrait pas détruire cet obstacle, la résistance qu'il opposa à leurs instrumens les convainquit de l'inutilité de leur entreprise. Ils s'en revinrent au château, et Raoul ne fut content que lorsqu'il eut fait fermer à chaux et à sable la bouche intérieure de ce passage qui lui semblait dangereux ; car il paraissait communiquer avec la maison isolée dans les bois, qui, avant la révolution, appartenait encore au seigneur de R***, et n'avait été détachée de l'habitation principale qu'à l'époque malheureuse de nos désastres politiques. Raoul, plus satisfait, quoiqu'il n'eût rien découvert par le fait, se flatta d'avoir dérangé les plans de l'ennemie de son repos, et ce fut sans murmurer et sans rien rabattre qu'il solda le compte de l'ouvrier.

CHAPITRE IX.

Le temps de la vendange était déjà passé ; il avait achevé d'interrompre les rapports qui s'étaient établis entre les enfans du colonel et la malheureuse Alinska. Le mouvement et la gaîté répandus dans la campagne, par la cueillette du raisin, attiraient toute l'attention du jeune couple. Ils suivaient avec intérêt les vignerons dans leurs travaux ; eux aussi, armés d'une paire de ciseaux et d'un panier proportionné à leur force, aidèrent à dépouiller une vigne des grappes qui la paraient. Madame Delmont, heureuse de leur joie enfantine, espérant d'une autre part le retour prochain de son époux, marchait, en souriant, sur les pas d'Eugène et de Juliette. Elle aussi avait quelque peu perdu de la curiosité que lui inspiraient le mystère et la folie de sa voisine; seulement, de temps en temps, elle souriait à la colère de M. de Berneval, qui n'avait pas encore oublié la malhonnête réception avec laquelle on avait accueilli ses prévenances pour la maîtresse de la maison isolée. Ce bon gentilhomme ne laissait passer aucune occasion de ramener la conversation sur ce point; et par son récit, entremêlé d'expressions comiques, il divertissait la compagnie, soit que madame Delmont reçût chez elle ses voisins, soit que plus fréquemment ils se réunissent chez une famille dont l'habitation était située à peu de distance du château, sur le chemin qui conduisait à l'église. Là, on aimait les plaisirs et les divertissemens; une nombreuse société Toulousaine venait presque chaque dimanche augmenter le nombre de ceux qui s'y rassemblaient. Là, une gaîté constante présidait aux réunions; tantôt elle était augmentée par les scènes comiques de mystifications, inventées et dirigées par un jeune avocat qui, plaidant peu, aimait à faire rire ses cliens ; tantôt un impétueux militaire racontait l'histoire de ses courses aventureuses, ou essayait des tours de force qui ne réussissaient pas toujours. De la musique, à laquelle présidait le maître de la maison, donnait un nouveau charme à la soirée ; la voix mélodieuse de son épouse, le talent de plusieurs amateurs, y contribuaient, tandis qu'à l'écart une conversation spirituelle était soutenue par un docteur, aussi aimable dans le monde que savant auprès de ses malades, et par une jeune personne dont l'esprit et les précieuses qualités attachaient tous ses amis.

Mainte fois le cercle était égayé par les prétentions un peu outrées de quelques jolies femmes. On jouait des proverbes; on essayait des charades; on écoutait les gronderies de tel amateur de boston, qui partageait son temps à faire la cour aux dames, et à quereller ceux qui jouaient avec lui; on faisait réciter des vers à un auteur, dont les ouvrages dramatiques dormaient depuis plusieurs années dans les cartons du Théâtre-Français, en attendant qu'il fît sommeiller à son tour les spectateurs dans la salle; enfin, de toutes manières on cherchait à employer le temps, et l'on y parvenait sans peine.

Madame Delmont, malgré son amour pour la retraite, aimait à descendre chez ces aimables voisins: elle prenait sa part des divertissemens qui avaient lieu, et comme elle-même chantait à ravir, et jouait de la harpe avec beaucoup de talent, elle n'était pas un membre inutile dans la compagnie.

Octobre était fini; la seconde journée de novembre consacrée à prier pour les morts allait commencer; l'air était calme et l'on entendait distinctement le son de la cloche de l'église, qui répétait un glas douloureux : déjà on parlait dans le salon de la dame dont nous venons de décrire la société ordinaire, du moment où l'on irait se séparer pour chercher le sommeil, lorsque, presqu'en même temps une vive clarté s'élevant du fond d'un vallon situé vers le nord-ouest, éclaira les environs, et la cloche quittant un son sinistre, passa tout à coup au lugubre tocsin. Un silence général régna dans la salle où l'on riait en ce moment. On écouta avec anxiété; bientôt un cri général s'élève : le feu ! dit-on, le feu ! il est quelque part; il consume une meule de paille, ou il dévore une maison.

Soudain on se précipite vers les fenêtres, on regarde dans la campagne, vers le point que la flamme éclairait. Madame Delmont est la première qui devine la vérité.

« Je ne crois pas me tromper, dit-elle, c'est la maison où loge l'étrangère qui est atteinte par l'incendie que nous apercevons. »

Elle avait deviné la vérité, son assertion fut confirmée par la voix générale. Les hommes courent, avec empressement, porter du secours au lieu qui le réclame, tandis que les femmes de la société, moins hardies, balancent encore sur ce qu'elles feront. Au milieu de ce mouvement Hélène s'échappa seule, et, suivie de Raoul, qui l'attendait, et qui dans la route ne cessait de lui répéter qu'elle avait tort de vouloir aller elle-même au feu, elle précipita sa marche, sans vouloir écouter d'inopportunes représentations, tout entière qu'elle était au sentiment de la plus noble humanité. Quand elle approcha du théâtre de l'incendie, ce fut avec douleur qu'elle en contempla les désastreux progrès; il ne restait plus aucun espoir de sauver la maison. Les flammes rapides l'avaient enveloppée de toutes parts; attachées aux plafonds, elles s'élançaient par les fenêtres; elles dépassaient la toiture, qu'elles recouvraient entièrement. En vain quelques villageois apportaient leur bonne volonté; les moyens de secours manquaient; on ne pouvait qu'assister avec douleur à la destruction de ce manoir.

Lorsque madame Delmont arriva, elle chercha avec empressement où pouvait être l'étrangère. Elle la découvrit à l'horrible clarté du feu, à quelque distance de la maison, debout sur un tertre, enveloppée d'un linceul qui lui donnait l'aspect effrayant d'une ombre courroucée; sa figure était pâle, ses yeux hagards, et nulle expression ne les animait. On ne savait, en la voyant, d'où provenait ce calme, cette complète insensibilité. On errai. autour d'elle, on s'approchait pour la plaindre, pour la consoler; elle ne répondait pas, et à tout ce qu'on lui adressait, elle gardait un farouche silence. La venue de madame Delmont put seule la retirer de cette stupeur; elle la reconnût, car tout à coup un sourire horrible effleura ses lèvres, mais il ne fit qu'y passer avec la rapidité de la foudre, et Alinska parut retomber dans sa mystérieuse rêverie.

« Madame, lui dit Hélène d'un ton pénétré, j'avais jusqu'à ce moment respecté vos volontés, en vous laissant à vos solitaires rêveries; mais alors que le malheur a fondu sur vous avec un nouvel acharnement, souffrez que je vous supplie de m'accompagner au château. Nul espoir ne vous reste de pouvoir continuer à séjourner dans cette demeure, qui bientôt n'existera plus. Acceptez un asile, que vous offre le plus sincère intérêt. »

Alinska, en écoutant madame Delmont, parut sortir entièrement de sa rêverie ; elle chercha même à donner une expression agréable à sa sombre physionomie, et accepta, sans chercher à s'y refuser d'abord, l'offre généreuse qui lui était faite. Elle apprit à Hélène que vers minuit, le feu, mal éteint sans doute dans le foyer de la cuisine, s'était rallumé ; quelques étincelles, à ce qu'elle croyait, avaient enflammé plusieurs bottes de chanvre qui étaient placées sous une armoire, et bientôt après, l'incendie s'était manifesté. « A peine, poursuivit-elle, ai-je pu jeter par la fenêtre, hors de ma chambre, quelques vêtemens, ma bourse et des bijoux précieux, je me suis élancée par l'escalier, déjà embrasé, et je suis venu chercher un asile assez loin pour ne pas sentir l'action de la flamme. Mais mon pauvre serviteur, je ne le vois pas; que sera-t-il devenu ?

— Je l'ai vu prendre la route du hameau, répliqua madame Delmont, qui cherchait à dérober à l'étrangère la vérité, qu'elle prévoyait. Mais vous, madame, ne restez pas ici, la nuit est froide, vous n'êtes point vêtue; ce drap de lit ne saurait vous garantir des impressions de l'air. Suivez-moi, vous trouverez un asile que je suis trop heureuse de vous offrir. »

Alinska renouvela ses remercîmens. Les hommes de la société, qui étaient venus avec Hélène, voulurent prendre chacun une portion du léger bagage de la Hongroise, et tous ensemble, avec elle, charmés qu'ils étaient de pouvoir la connaître enfin, remontèrent la colline et parvinrent au château.

Raoul, dont nous avons négligé de nous occuper jusqu'à ce moment, était plongé dans une confusion sans pareille. Il ne pouvait s'accoutumer à la pensée qu'Alinska allait habiter sous le même toit que sa maîtresse; il prévoyait déjà la scène qui aurait lieu au retour du colonel. Un pressentiment particulier lui faisait redouter de plus terribles catastrophes, et par deux fois, cédant à son premier mouvement, il ouvrit la bouche pour révéler à madame Delmont la terrible vérité, afin de lui faire connaître quel serpent elle allait réchauffer dans son sein; mais par deux fois, effrayé des suites d'une pareille confidence, dont il appréciait tout le danger, il contint le secret que son cœur voulait laisser échapper. Un regard de triomphe que lui lança son ennemie acheva de le désespérer; mais il se promit bien de la surveiller de telle manière, qu'elle ne pût avoir la liberté complète de faire jouer les ressorts qu'elle ne manquerait pas sans doute de mettre en œuvre; et lui aussi, afin de ne point la perdre de vue, accompagna en silence le groupe qui s'éloignait.

Les paysans, demeurés autour de la maison embrasée, découvrirent une heure après, sous des décombres à demi brûlés, les restes d'un cadavre horriblement mutilé, cicatrisé par le feu, et déjà atteint par la corruption. Il exhalait une odeur infecte; la tête avait perdu toutes ses formes, on ne pouvait plus y rien connaître. Cependant, comme on trouva ce corps mort non loin des débris d'un lit, on ne balança pas à croire que ce ne fût celui du domestique de l'étrangère, d'autant que dès ce moment cet homme ne se montra plus dans le village. On fut sur-le-champ frappé de la promptitude avec laquelle il s'était décomposé après sa triste fin; et on se promit de revenir dès qu'il ferait jour pour lui donner la sépulture.

Mais ce pieux projet du peuple ne put être accompli; un pan considérable de muraille, auquel tenaient encore plusieurs pièces de charpente, s'écroula presque aussitôt sur le lieu où gissaient ces chairs et ces ossemens hideux; la flamme, se rallumant avec violence, ne tarda pas à les consumer, et il ne resta plus rien de cet individu, qu'un faible souvenir qui s'effaça bientôt de la mémoire des hommes.

Cependant la compagnie dont Alinska faisait partie arriva dans le château, impatiente de trouver à se reposer. Madame Delmont engagea l'étrangère à se coucher sur-le-champ; et Germaine, s'avançant alors, voulut débarrasser Alinska des voiles qui l'enveloppaient; mais elle fut repoussée vivement par celle-ci, qui demanda la faveur de rester seule un moment dans la chambre; et l'expression de sévère vivacité avec laquelle elle fit cette prière, interdit à ceux qui l'entendirent toute pensée de s'y opposer. On la laissa donc suivant son désir, durant quelques minutes; et dès que l'on put croire qu'elle était couchée, on revint auprès d'elle lui apporter un bouillon, ainsi que des rafraîchissemens. Elle les refusa avec obstination, déclarant que dans l'état où elle se trouvait il lui était impossible de rien prendre; et comme une des dames de la compagnie insistait pour qu'elle avalât au moins un verre de vin chaud, elle éloigna cette boisson par un geste de sa main gauche, que madame Delmont s'aperçut être toujours gantée. Cette découverte la surprit; mais elle eut un autre sujet d'étonnement lorsque Germaine, en relevant les draps dans lesquels l'étrangère s'était enveloppée, on découvrit qu'ils étaient mouillés de sang.

« Vous vous êtes blessée, madame, dit Hélène avec une vive émotion, pourquoi ne voulez-vous pas qu'on vous rende les services que cet accident demande impérieusement? pourquoi vous refuser à une chose aussi naturelle? Le hasard favorable, au milieu de votre malheur, fait que, parmi ces messieurs rassemblés ici, nous possédons un habile Praticien, dont le mérite n'est point renfermé dans la ville de Toulouse. Souffrez qu'il vous donne ses soins ; la pâleur qui couvre votre visage annonce que vous en avez besoin.

— Non, madame, non ! s'écria l'étrangère avec une apparence toute particulière d'un effroi auquel on avait peine à assigner une juste cause, je ne veux, je ne demande aucun secours. Il est vrai que je suis blessée, mais je le suis depuis long-temps ; le mal que j'ai pu me faire est achevé ; désormais je ne dois plus rien craindre ; et au prix de toute une vie, s'il m'était permis de la recommencer, je ne voudrais pas exposer aux regards ma sanglante cicatrice. Croyez que je sais me suffire à moi-même. Daignez par grâce me laisser un instant seule avec mes réflexions; rassurez votre bonté alarmée, et ce n'est pas pour moi que le danger est le plus à craindre. »

Il y avait dans la voix de celle qui prononça ces paroles un tel mélange de sensibilité, d'insouciance, d'ironie même, que chacun, en les écoutant, se sentit frissonner. On ne crut pas néanmoins devoir s'opposer plus long-temps à une volonté si fortement exprimée, et après avoir allumé une veilleuse, et posé une sonnette auprès du lit, on se retira en silence, pour aller vivement conjecturer ailleurs sur le mystère singulier dont se couvrait cette jeune personne dans toutes les occasions.

Madame Delmont engagea la compagnie à prendre les rafraîchissemens que l'étrangère avait refusés; ils furent acceptés avec reconnaissance, et la conversation qui s'engagea à la suite ne se termina qu'à la naissance du jour. Chacun alors effectua sa retraite, et ceux qui demeurèrent dans le pays annoncèrent qu'ils ne tarderaient pas à revenir, pour savoir des nouvelles de la malheureuse incendiée. Elle ne se leva que tard, et on n'osa pas entrer dans sa chambre avant de l'avoir elle-même entendu marcher. Alors madame Delmont, ayant légèrement heurté à la porte, reçut l'invitation d'entrer. Elle trouva que l'étrangère ayant déjà quitté son lit, s'était vêtue d'une robe noire, qui faisait plus ressortir l'extrême pâleur de son visage.

La nouvelle de la mort du vieux domestique Ladislas était parvenue au château. Madame Delmont ne croyait point qu'il fût possible de la taire à l'étrangère; en même temps elle craignait de lui causer une trop vive émotion, dans la pensée où elle était qu'un sentiment réciproque d'affection devait réunir ces deux êtres mystérieux. En conséquence, et afin de ne point précipiter ce qu'il fallait apprendre, elle chercha à y préparer

Alinska. Mais elle prenait une peine inutile : au premier mot qu'elle prononça, elle fut devinée ; et une tranquille indifférence éclata sur le visage et dans la réponse de la Hongroise. Elle parut insensible à ce récit, ne laissant pas même paraître les marques d'une compassion commune, que causent aux hommes ces catastrophes toujours pénibles à envisager.

Une si étrange conduite donna plus que de la surprise à madame Delmont ; elle dévoila, par le changement survenu sur son visage, combien elle en était affectée. Alinska s'en aperçut, et, comme si elle eût voulu réparer sa faute :

« Je vous étonne, madame, lui

dit-elle, et vous concevez de moi une fâcheuse opinion. Je devrais peut-être montrer plus de sensibilité, et faire éclater mes regrets, en apprenant la fin du pauvre Ladislas; mais croyez que peu lui importent ces marques stériles d'intérêt; nul rapport ne me liait à lui : sortis tous les deux du même asile, nous nous trouvions ensemble parce qu'il le fallait. La volonté du maître absolu nous a séparés, eh bien! elle ne tardera pas à nous réunir de nouveau; et alors ce ne sera plus momentanément, mais pour tout jamais. Pourquoi verserai-je des pleurs? il n'en est plus sous mes paupières; elles sont sèches pour la douleur; j'en ai trop versé durant le cours de ma vie mortelle. Maintenant que j'existe, parce que je ne puis me coucher dans le tombeau, malgré mon vif désir de joindre cette froide demeure, irai-je m'occuper de ce qui ne me touche pas? Non, non, un seul objet m'anime, je ne tends que vers un unique but; et lorsqu'il sera rempli, je quitterai, sans joie comme sans peine, le corps dans lequel je ne puis me souffrir. »

Alinska aurait pu parler plus longtemps, sans que madame Delmont songeât à l'interrompre. Il y avait toujours quelque chose de si incompréhensible, de si incohérent dans tout ce que disait cette jeune personne, qu'on ne pouvait décider s'il fallait la plaindre ou la redouter. Les paroles échappaient à sa bouche avec un son monotone, qui presque toujours détruisait l'effet qu'elles auraient pu produire ; l'immobile fixité de son regard la rendait comme étrangère à sa propre conversation ; enfin, tout en elle sortait de la règle ordinaire, et son modèle ou sa copie ne devait se rencontrer nulle part. Ce discours bizarre étonna à tel point celle qui l'entendit, qu'Hélène ne put y répliquer. Elle changea de conversation, et demanda si maintenant son hôtesse voulait accepter un peu de nourriture. Alinska fit un signe affirmatif, et la maîtresse du château sortit pour donner l'ordre à la seconde fille d'apporter les mets qui à l'avance avaient été préparés.

Les enfans attendaient avec impatience le moment de pouvoir être admis auprès de celle qui leur avait témoigné de l'amitié ; et plus d'une fois déjà, à travers les battans de la porte entr'ouverte, Juliette était venue montrer son espiègle physionomie. Comme on n'avait point paru faire attention à eux, ils s'étaient tenus tranquilles ; mais à la vue du déjeûner ils s'enhardirent, et entrèrent dans la chambre presque tumultueusement. Alinska les reçut avec un sourire qu'elle chercha à rendre bienveillant ; une subite rougeur colora son visage, qui en même temps se contracta, comme si le cœur eût été frappé d'un coup violent. Ni Eugène ni sa sœur ne s'en aperçurent; ils causaient avec empressement de l'événement de la nuit passée, et le jeune garçon montrait déjà une précoce sensibilité, qui eût pu un jour troubler sa vie, si la Providence lui avait réservé une carrière prolongée.

Madame Delmont, fière de ses enfans, leur prodiguait les plus tendres caresses; ils ne pouvaient s'arracher de ses bras; tandis que la Hongroise, vivement agitée, sans doute par un amer souvenir, jetait à la dérobée sur ce groupe charmant des regards remplis de dédain, ou d'une profonde colère. Souvent, pour dissimuler ce qu'elle éprouvait, elle cachait sa tête dans ses mains, dont l'une restait toujours gantée, et pendant d'assez longs instans elle semblait ensevelie dans de profondes réflexions.

CHAPITRE X.

Les armées françaises à une époque encore peu reculée, avaient planté leurs bannières sur les tours de la ville de Vienne. Cette demeure des Césars, défendue avec courage contre les Turcs, ne nous sut opposer à diverses reprises aucune résistance, et le sang humain ne coula point sous ses murailles. Le Chef qui commandait à une multitude de braves poursuivit, en 1805, le cours de sa glorieuse entreprise, et pénétra dans la Hongrie. Plusieurs escadrons s'emparèrent successivement de divers villages, après avoir eu quelques combats à soutenir contre une population belliqueuse.

Parmi les officiers employés dans cette partie de l'expédition, le capitaine Edouard Delmont n'était pas ni le moins brave, ni le moins téméraire. Son bouillant courage l'entraînait souvent dans des entreprises périlleuses; mais il les comptait pour rien, toutefois qu'elles présentaient de la renommée à acquérir. La fortune, qui aime à couronner l'audace, le secondait presque toujours. Mais enfin l'Inconstante, sans l'abandonner entièrement, cessa de le servir comme à l'ordinaire; et le capitaine Delmont tomba, le corps percé d'une balle, sur le champ de bataille, au moment où les ennemis se retiraient.

Près de lui à cette heure veillait le soldat Raoul, brave militaire, qui lui était attaché par les liens de la reconnaissance. Il vit son chef renversé dans la foule, mais, loin de l'abandonner, il courut à lui, et, aidé de ses compagnons, il le transporta dans une maison voisine, habitée par une famille de fermiers qui jouissaient d'une certaine aisance. La venue d'un officier blessé fut pour les Hongrois qui l'accueillirent, une sauve-garde, dont ils apprécièrent le prix, contre les excès de la soldatesque. Le chef de la maison, vieillard respectable, s'empressa de donner la meilleure chambre, et de fournir tous les secours qui étaient en son pouvoir. Un chirurgien fut appelé. Après la levée du premier appareil, il décida que la plaie n'était pas mortelle, mais qu'elle serait lente à se guérir.

Delmont passa près de quinze jours dans une insensibilité presque complète; il entendait à peine le bruit qu'on faisait autour de son lit, et ses yeux fermés constamment, ne lui permettaient point de reconnaître les soins affectueux qu'on lui prodiguait. Parmi les personnes qui veillaient à la conservation de son existence, il eût sans peine signalé, si ses forces lui eussent laissé l'entier usage de ses sens, une jeune personne, fille du fermier, autant distinguée par son admirable beauté, que par son air d'innocence. Touchée d'une pitié dont encore elle ne démêlait pas la cause, elle passait ses journées entières à rôder autour du malade, qui, malgré une pâleur extrême, portait dans ses traits tout ce qui charme et attache, soit par leur extrême perfection, soit par une vivacité que la souffrance tempérait, mais qu'elle ne pouvait entièrement éteindre.

Alinska trouvait à chaque instant un prétexte pour rentrer dans la chambre, dont on la bannissait quelquefois; elle y passait de longues heures, employées presque constamment à une contemplation, dont les suites pouvaient devenir dangereuses. Mais dès que des officiers amis de Delmont, ou les soldats de sa compagnie venaient savoir de ses nouvelles, alors la fille ingénue, honteuse d'être surprise en ce lieu, s'évadait, légère comme la biche des monts Crapakciens, et attendait, pour revenir, le départ de ces visiteurs importuns.

Les premiers regards de Delmont se reposèrent sur cet ange terrestre. Et comment pouvait-on faire pour les contempler long-temps, sans l'admirer? il n'en connaissait pas le moyen. Aussi trouva-t-il plus simple de se livrer au sentiment qui l'entraînait. Il eut bientot besoin d'un confident, afin de pouvoir parler à loisir de celle qui occupait son âme. Raoul fut choisi; et, fier de cette distinction, il se hâta de la mériter, en cherchant les occasions d'entretenir Alinska des qualités brillantes de son chef; sans cependant lui faire connaître d'une manière précise ce que ce beau militaire pensait à son sujet.

Les récits de Raoul rendaient singulièrement attentive la jeune fille. Elle écoutait l'histoire de ces gigantesques batailles, dans lesquelles avec tant d'avantage la bravoure française s'était signalée; elle suivait Delmont au milieu des périls sans cesse renaissans; elle frémissait chaque fois qu'ils menaçaient de l'atteindre. Alors son attention redoublait, elle pâlissait ou rougissait tour à tour, sa respiration devenait plus pénible, et quand le récit était terminé par un succès que ne payait pas quelque blessure, elle levait au ciel ses yeux expressifs, remerciant mille fois la Providence.

Dans le calme des nuits, au milieu des travaux du jour, elle n'était occupée que d'une seule idée ; le beau, le vaillant capitaine ne sortait ni de son imagination, ni de son cœur. Plus le temps passait, plus le trait s'enfonçait profondément. Déjà elle éprouvait tous les délires de l'amour, et néanmoins l'objet de sa tendresse ne lui en avait pas encore fait entendre le langage. Delmont ne resta pas long-temps dans cette retenue, qui ne convenait ni à sa profession, ni à son caractère. Il s'expliqua enfin, et il fut sans peine écouté : Alinska était dans cet âge que la défiance ne trouble point; elle aimait avec énergie, il lui semblait naturel d'être chérie de même. Elle ne connaissait ni la différence des rangs, ni de la fortune : son amant était jeune et beau, elle était jeune et belle, tout dès lors lui paraissait égal; et pour elle, l'avenir ne devait être qu'une heureuse prolongation du présent.

Mais au milieu des transports les plus véhémens, elle se conservait pure comme la vertu même; nulle pensée coupable ne souillait sa candeur, et Delmont, étonné de trouver tant de passion réunie à une si complète innocence, ne chercha jamais à la profaner. Plus il voyait Alinska, plus sa tendresse pour elle était augmentée. Il la porta au comble; et un soir, après une journée tout entière passée dans les plus délicieux plaisirs, il se perça le bras avec un fer aigu, et du sang tiré de cette légère plaie, il écrivit une promesse de mariage qu'il confia à la loyauté de son amie. Entraînée par cette action, elle se hâta de l'imiter. Le double pacte, suivant l'antique usage de la contrée, fut déposé durant cinq nuits sous la pierre d'un sépulcre; et dès lors, l'engagement dut être ratifié dans le ciel.

On ne doute point, dans la Hongrie, que, par une action semblable, deux amans ne soient liés irrévocablement l'un à l'autre : toute union qui ne serait pas contractée entre eux ne pourrait être heureuse. Enfin, la fille vierge, fiancée de cette façon, peut soulever la tombe qui la couvre après sa mort, pour tourmenter, en manière de Vampire, le perfide qui l'a abandonnée. Delmont, étranger au pays, ne connaissait pas ces particularités superstitieuses. Il ne craignait rien de l'avenir, car il lui semblait impossible que jamais il pût oublier Alinska.

Les semaines, les mois, même s'écoulaient. La paix était signée. Déjà on entendait de sourdes rumeurs annoncer une nouvelle guerre, et le régiment dont le capitaine Delmont faisait partie s'avançait vers l'Allemagne septentrionale. La blessure de ce dernier était guérie, et il prolongeait encore sa convalescence; l'amour le portait à ne pas entendre toute la voix du devoir. Mais un ordre impératif du colonel vint dissiper l'enchantement du nouveau Renaud: il fallut, ou se déshonorer, ou s'éloigner d'Alinska. Le combat fut terrible; la gloire l'emporta néanmoins. Delmont, après avoir vaincu sa faiblesse, eut encore à combattre celle de son amante. Il la rassura par les promesses les plus solennelles ; il s'engagea à revenir ratifier au pied des autels le pacte sacré qu'ils avaient juré ensemble, et, pour tout delai, il ne demanda que celui nécessité par la guerre nouvelle ; c'est-à-dire, un an tout au plus. Enfin, Alinska devenue patiente mais non consolée, consentit au funeste départ.

« Edouard, s'écria-t-elle à ce moment déchirant, je suis à toi pour la vie, comme tu m'appartiens à jamais ; je ne puis être dégagée de mon serment que par notre mariage, et tu dois t'unir à moi avant que le linceul funèbre nous recouvre à jamais. »

Delmont, charmé de trouver un

moyen de la rassurer, répéta ses énergiques paroles. Il partit, et dès lors il ne revit plus Alinska. Long-temps il lui resta fidèle; mais la fatale absence produisit son ordinaire effet. La Hongroise, par degrés, lui devint indifférente; il ne se rappela plus des promesses par lesquelles il s'était engagé, et son hymen avec Hélène acheva de détruire dans son âme le souvenir de sa précédente inclination. Ce n'est point qu'il lui fût possible de rompre entièrement avec elle; Alinska lui écrivait exactement; elle souffrait avec impatience un retard qui n'avait point de terme: elle espérait néanmoins toujours. Elle voyait que les caprices de l'empereur des Français faisaient parcourir à ses légions les diverses parties de l'Europe; elle concevait, quoiqu'avec beaucoup de peine, que Delmont n'était pas libre de conclure alors son mariage, tandis que le sort des armes le retenait au fond de l'Espagne, comme il le lui faisait croire. Mais enfin la Providence brisa l'instrument dont elle s'était servie contre les nations, et la paix, un instant troublée après sa naissance, fut bientôt rendue à la terre. Ce moment, enchanteur pour Alinska, lui promit un bonheur qu'elle souhaitait toujours ardemment. Ses lettres devinrent plus pressantes : elle ne craignit pas d'annoncer à Delmont que, s'il ne venait point la chercher en Hongrie, elle ne balancerait pas à courir auprès de lui à Paris

Edouard, devenu colonel et mari d'Hélène, frémit à la lecture de cette lettre, qui pouvait le préparer à une longue série de malheurs. Il prit un parti désespéré, et ne craignit pas d'avouer à sa malheureuse amante la vérité, l'affreuse vérité, et avec une anxiété inexprimable, il attendit une réponse, dont il avait tout à redouter. Elle ne le fit pas languir. Il la reçut; et peu d'instans après, il vint trouver sa femme, et feignant une perte dans leur fortune, il lui apprit qu'il fallait quitter Paris et chercher un asile écarté. Depuis il n'osa plus jeter un regard sur cette lettre fatale; et dans un moment de nouvelle terreur, il prit le parti de l'anéantir : si bien que jamais on n'a su ce qui avait pu le déterminer à une résolution si désespérée.

CHAPITRE XI.

Passons maintenant à une époque plus rapprochée de celle à laquelle nous nous sommes arrêtés, pour offrir au lecteur le récit indispensable à l'éclaircissement des faits qui rempliront ces volumes. On se rappellera que la Hongroise habitait le château de R*** et que sa présence dans cette demeure ne pouvait être que de mauvais augure pour la famille Delmont. Raoul, bien instruit de tous les détails de l'histoire dont nous n'avons donné qu'un faible extrait, avait de vastes sujets de crainte, et gémissait de ne pouvoir les confier à personne, ni de les mander au colonel. Mais si Alinska, tandis qu'elle était éloignée avait pu l'empêcher de correspondre avec le premier, combien plus facilement pourrait-elle le faire à cette heure. Tourmenté de cette pensée, il formait des vœux pour le retour du chef de la maison, espérant que sa présence, si elle amenait un éclat impossible à éviter, déciderait néanmoins Alinska à chercher ailleurs une autre demeure. Agité de mille divers sentimens, il crut devoir se rapprocher d'elle, afin de parvenir, en lui parlant, à connaître quelles pouvaient être ses secrètes pensées.

Déjà plusieurs propriétaires de la commune étaient venus offrir leurs services à l'Etrangère, poussés peut-être moins par le désir de l'obliger, que par l'envie de la voir de plus près et de contenter leur avide curiosité : Ils furent tous trompés dans leur attente. Elle se refusa à se mettre en rapport avec la société, demandant à madame Delmont avec une chaleur qui ne lui était pas ordinaire, de ne pas consentir à ce que sa retraite fût troublée. Elle exprima sa volonté avec tant de persévérance, qu'Hélène aurait cru manquer aux lois de l'hospitalité, que de ne pas y avoir égard. Elle annonça au cercle réuni dans son salon, qu'il était inutile de persister à former quelque liaison avec l'Etrangère, car celle-ci ne voulait absolument pas se produire devant qui que ce fût, sans excepter le plus qualifié de la commune. Il fallut renoncer à une entrevue, dont on se promettait les plus piquans résultats. L'Adjoint seul observa, en riant, qu'il serait en droit néanmoins d'exiger l'exhibition du passeport de la belle inconnue; que cependant, comme il ne la savait portée sur aucune catégorie, ni liste des suspects, et qu'elle ne lui était point signalée par la police, il ne dépasserait pas contre elle la ligne de ses devoirs. M. Berneval fut moins raisonnable; il assura que s'il avait l'honneur d'être maire, ou seulement adjoint, il soumettrait cette dame aux chances d'un interrogatoire, qu'il tournerait comme il l'entendrait. A ce propos, une clameur générale s'éleva contre ce qu'on appelait une curiosité incivile, et les quelques femmes qui se trouvèrent dans la réunion déclarèrent, que s'il continuait à parler ainsi, elles ne lui accorderaient plus le titre de chevalier français, qu'il était si fier de mériter par sa naissance, autant que par ses manières.

Mais, tandis que dans le salon on s'occupait gaiement d'Alinska, suivant l'usage constant du monde, dont la sensibilité est presque toujours de convention, Raoul, profitant du moment où sa maîtresse était occupée, s'introduisit hardiment dans la chambre de la Hongroise : celle-ci était assise auprès d'une fenêtre; le jeune Eugène était placé sur ses genoux; il regardait un volume orné d'images, et sa compagne, ensevelie dans une profonde méditation, portait néanmoins sur lui un regard qui n'était pas celui de la bienveillance. On eût pu en même temps y remarquer une singulière indécision, qui paraissait combattre la férocité d'une résolution fortement arrêtée.

Le bruit des pas de Raoul ayant tiré Alinska de sa rêverie, elle changea sur-le-champ l'air de son visage, et reprit celui de la parfaite indifférence, qui lui était ordinaire. Le Sergent-major s'avança, en faisant un salut assez leste, qui ne lui fut pas rendu ; mais cette impolitesse ne l'intimidant pas, il commença l'attaque ainsi qu'il l'avait projetée.

« Ah bien ! Alinska, dit-il, vous voilà enfin introduite dans une maison où la prudence n'aurait pas dû vous laisser entrer, et que vous-même auriez dû éviter, pour votre repos et pour celui d'une famille respectable. Quels sont donc maintenant vos projets ? Voulez-vous apporter ici la douleur et les querelles, pour prix de l'asile qu'on vous a accordé ? Ne penseriez-vous pas, puisqu'absolument vous voulez voir encore une fois le colonel, qu'il serait plus convenable d'aller attendre à Toulouse l'instant de son retour ?

— Il me semble, Raoul, que dans les circonstances importantes ce n'est point de ses ennemis qu'on doit prendre des conseils ; vous n'êtes pas heureux, d'ailleurs, dans ceux que vous donnez. Ne m'avez-vous pas autrefois engagée à me laisser attendrir par l'amour du plus perfide des hommes? Vous le connaissiez néanmoins, vous saviez combien sa légèreté était grande; cela ne vous détourna pas de me pousser à ma perte. Qui m'assure maintenant que, dans votre conseil actuel, il ne soit pas une pareille fourberie?

— Si j'ai eu des torts, ils étaient

plutôt ceux de mon âge, que ceux de mon cœur. Lorsqu'à présent je ne suis guidé.....

— Je ne crois plus aux paroles des hommes; je ne dévie point du sentier qui m'est tracé. Je suis dans cette maison, j'y resterai jusqu'à l'heure où tout sera fini pour moi, où j'irai trouver les tourmens éternels qui m'attendent.

— Si vous n'avez point fait de mal, qu'avez-vous à redouter?

— Ce n'est pas avec toi, répliqua la Hongroise du ton le plus farouche, que je discuterai ce point. Je suis lasse de t'écouter, lasse de te répondre; ta présence m'importune; il me tarde de m'en délivrer.

— Je suis bien fâché de vous déplaire ; mais si mon aspect vous fatigue, ne vous flattez pas de le perdre de vue tant que vous serez dans le château. Avant d'y venir, vous y aviez déjà de si bonnes intelligences, que je me suis mis en tête de les surprendre ; et que, jour et nuit, je veillerai à ce qu'il n'arrive rien de contraire au repos qui l'habitait jusqu'au moment où vous avez paru dans la contrée.

— Vraiment, Raoul, ta vigilance te sera bien nécessaire, tu en recueilleras surtout un grand fruit. Ne crains-tu pas qu'à la fin ta conduite ne me pousse à bout ? Dois-tu me faire l'affront d'exprimer devant moi une méfiance, dont je suis l'objet? Faible obstacle à mes désirs, tu cesseras bientôt de les contrarier, si je ne veux plus consentir à te voir sans cesse porter un œil inquiet sur toutes mes démarches. Sois assuré, toi qui me parles avec tant d'audace, que tu sortiras avant moi du château.

— Je ne doute point que ma présence ne vous gêne ; mais il vous sera plus facile de corrompre de simples villageois, que de me ravir la confiance de mes maîtres. Ni l'un ni l'autre n'ouvriront l'oreille à vos calomnies, et même, si je le voulais, une heure ne serait point passée sans que vous reçussiez l'ordre d'aller ailleurs chercher un autre abri. Je n'ai qu'un mot à dire....

— Et tu ne le prononceras pas; tu en apprécies trop les conséquences. Crois-moi, Raoul, si le bonheur de madame Delmont t'est cher, laisse-la en paix poursuivre les jours qui lui restent encore. Je ne veux lui donner une fatale lumière qu'à la dernière extrémité, et si son existence est empoisonnée elle ne devra s'en prendre qu'à toi.

— Mais enfin, que voulez-vous? sur quoi fondez-vous votre espérance?

— Mon espérance, je n'en ai pas, je ne peux plus en avoir; je sais que mon sort est fixé. N'importe, il me reste un devoir à remplir, des ordres à exécuter. Ils eussent naguère déchiré mon âme; elle n'eût pas balancé à se révolter contre leur atroce rigueur, et maintenant peu lui importe, lorsque tout est réglé pour elle, lorsqu'elle peut lire couramment dans les profondeurs de l'avenir; elle ne peut plus être agitée par ces sentimens qui la remplissaient autrefois.

— Par le sabre de mon grand père, je vous écoute, Alinska, et je ne puis plus vous comprendre. Certes, quand vous étiez dans votre pays, il ne me fallait pas réfléchir sur chacune de vos paroles. Maintenant elles sont si obscures, que j'ai beau me creuser la tête, je ne les devine pas. Allons, parlez-moi sans amphigouri. On dirait que vous avez passé les années que nous vous avons perdue de vue, à lire les ouvrages de certains auteurs de nos jours, qui jasent comme des pies, et qui n'expliquent jamais rien. Il ne vous manquerait plus que d'écrire avec des points, pour achever de me prouver que vous vous êtes instruite à leur école. »

Raoul, en prononçant ces derniers mots, n'était que le perroquet de son maître : il répétait ce qu'il avait entendu à diverses fois, et voulait, par ce langage, répandre un peu de gaîté sur une conversation qu'Alinska n'avait point l'art de rendre agréable. Il se sentait lui-même, en causant avec elle, atteint d'un penchant à la mélancolie, dont il ne se rendait pas raison. Il n'était pas content de ce que lui disait la Hongroise; il voyait au travers le mystère dont elle s'enveloppait, quelque chose de ténébreux, de sinistre qui lui causait une sorte de frayeur. Il était alors semblable à ce laboureur, qui poursuit dans l'air une noire nuée, incertain si elle continuera sa route, ou si elle versera des fléaux destructeurs sur le champ dans lequel il a fondé toutes ses espérances de fortune.

Raoul avait paru ne point redouter la menace qu'on lui avait faite, lorsqu'au fond de son cœur elle était descendue pour le frapper vivement. Il connaissait mieux que personne quelle était la faiblesse de caractère du colonel; il savait que, plein de bravoure et d'énergie sur le champ de bataille, il s'abandonnait facilement, dans la vie commune, aux impressions qu'on voulait lui donner: ainsi que beaucoup d'hommes, ce n'était que dans un seul cas qu'il déployait sa fermeté.

Alinska devinait peut-être les pensées de Raoul, car elle le regardait avec une malignité extrême. Le sourire du triomphe errait sur ses lèvres, et elle jouait avec le livre qu'Eugène avait quitté en se retirant, lorsque le militaire était entré dans l'appartement. Elle ne se pressait pas, d'ailleurs, de lui répondre, et un silence assez prolongé succéda à la chaleur de l'attaque. Ce fut Raoul qui le rompit : « Je vois bien, dit-il avec l'apparence d'un dépit mal déguisé, que je me flatterais vainement de vous rendre raisonnable, ou de l'emporter en adresse sur une personne de votre sexe ; aussi je me promets de ne plus l'entreprendre. Mais si vous persistez à poursuivre l'accomplissement d'un projet dont les fins m'échappent ; n'oubliez jamais avec quelle bonté on vous a accueillie au château de R*** ; ne nous faites pas repentir de l'hospitalité qui vient de vous y être accordée. »

Ce peu de mots, prononcés avec simplicité, firent monter un instant une vive rougeur sur le front pâle de la Hongroise : il se décolora bientôt, et elle répliqua avec calme :

« Quel reproche pourrait m'adresser, quelle que soit ma conduite subséquente, celui qui, reçu avec transport dans la modeste demeure de mon père, ne craignit pas d'y porter le désespoir et la mort ? »

Une si vigoureuse réplique, et qui frappait au but avec tant d'âpreté, couvrit Raoul d'une soudaine confusion. Il sentit toute la justesse de ce reproche, et, incapable de faire taire sa conscience, qui lui remit sous les yeux le tableau de sa conduite passée, ému en même temps du ton solennel avec lequel Alinska s'était exprimée, il tressaillit; et cherchant à lui cacher son trouble :

« Allons, allons, dit-il, ce qui est passé n'existe plus; les fautes des autres ne sont pas des excuses pour les nôtres, et le mal à faire ne guérit pas celui qui est fait. »

Alinska ne lui répondit point; elle se contenta de faire un mouvement, qui annonçait le désir d'être seule; et Raoul, qui craignait que madame Delmont le trouvât dans ce lieu, prit le parti de se retirer, tout en se promettant d'éclairer les démarches de celle qu'il ne pouvait envisager que comme l'ennemie de la maison.

Lorsqu'il fut bien prouvé que l'étrangère se refusait à recevoir les visites que la curiosité lui attirait, le château de R*** redevint solitaire. On ne songea plus que de loin en loin à la mystérieuse beauté qu'il renfermait; et l'incendie fut oublié, dès que ses suites ne purent plus fournir d'aliment à la conversation. Madame Delmont, qui, après le départ de ses voisins, devait se trouver dans une retraite absolue, ne fut pas fâchée qu'Alinska prolongeât son séjour auprès d'elle. Ce n'était pas, sans doute, une société bien agréable; sa mélancolie habituelle, le silence qu'elle gardait lorsqu'on ne l'interrogeait pas, la brièveté de ses réponses, et plus encore l'air indéfinissable de sa physionomie, n'étaient pas attrayans.

Elle chantait, il est vrai, avec goût, elle s'accompagnait sur la harpe; mais c'était lorsqu'elle était renfermée dans sa chambre qu'elle se livrait à ce passe-temps : une invincible timidité, disait-elle, ne lui permettait point de jouer devant qui que ce fût. Il fallut de longues supplications, pour que madame Delmont pût obtenir de l'étrangère qu'elle la fît jouir d'un talent qui était vraiment remarquable. Un soir, après de vives instances, elle consentit néanmoins à toucher l'instrument sonore ; mais ce fut avec de singuliers préliminaires. Elle fit cacher la lumière de la lampe astrale sous le chapeau de tole vert ; elle se retira dans un coin obscur de la chambre, derrière un paravent : et alors elle commença un chant dont les paroles extraordinaires étaient en harmonie avec l'air qui les accompagnait.

LE VOYAGEUR ET LE LUTIN.

NOCTURNE (1). N° II.

L'astre des nuits, au milieu de son cours,
D'un faible éclat illumine la plaine ;
Et sur les bords du fleuve aux cent détours,
Un Pélerin, pâle et souffrant se traîne.
Son œil au loin cherche un asile sûr
Pour reposer ses chagrins et sa tête :
Autour de lui rôde un esprit impur ;
Le Pélerin doit être sa conquête.

D'abord vers lui, le lutin malfaisant
Accourt porté sur une aile légère ;
Il se présente auprès du Pénitent
Sous les doux traits d'une simple bergère :

---

(1) Mise en musique par Mlle Adèle Sendrier.

« Bon voyageur, dit-il en souriant,
« Viens au manoir qu'habite mon vieux père,
« Attendre en paix que le clair Orient
« Des feux du jour colore l'hémisphère. »

De ce discours le funeste ascendant,
Le ton naïf de l'agreste innocence;
Ont ébloui l'Etranger imprudent,
Qui vers le piége avec gaîté s'avance:
Un précipice est ouvert sous ses pas;
Il y trébuche, et sa mort est cruelle.
Faibles mortels, ne vous confiez pas
A la beauté dont la voix vous appelle.

Si madame Delmont avait cru se procurer une satisfaction pure, et telle qu'elle doit naître de la culture des arts, elle demeura étrangement trompée, après que la harpe eut cessé de se faire entendre. La musique choisie par Alinska était si bizarre, elle portait au cœur de si pénibles émotions, que, bien loin de causer du plaisir, elle inspirait une vague mélancolie. Par deux fois, une larme échappa aux yeux d'Hélène, et, entièrement plongée dans sa douloureuse émotion, elle ne put prendre sur elle de complimenter Alinska au sujet du morceau qu'elle venait d'exécuter.

« Ah ! madame, lui dit-elle, vous allez me trouver bien étrange ; mais il me serait impossible de vous cacher le mal que vous venez de faire à mon cœur : c'est là sans doute le triomphe que vous ambitionnez dans ce moment. Je vous serais bien obligée, si, changeant de ton, vous vouliez, par quelque barcarolle, rasséréner mes esprits émus. »

L'étrangère ne répondit rien ; elle se replaça seulement sur son siége, et, prenant la harpe une autre fois, elle joua des variations très-brillantes sur le même air qui venait de produire un si désagréable effet. Ce n'était point là précisément ce qu'eût souhaité Hélène ; elle dut néanmoins s'en contenter. Elle se promit de ne plus demander à une telle personne, ni musique, ni rien qui pût la mettre à même de déployer des talens dont l'effet était si particulier.

Depuis ce moment Alinska parut redoubler de sauvagerie ; elle ne sortait de sa chambre qu'aux heures des repas ; elle s'asseyait à la table, où à peine elle prenait assez de nourriture

LE VOYAGEUR ET LE Æ

ROMANCE.

Musique de Melle A. SAN

N.º 2.

Fieramente. Tempo di Marcia.

Chant.

Piano ou Harpe.

Mastne

bords du fleuve aux cent dé-tours un pe--le--rin pâle et souf-fraut se traî-ne, sommeil au

lui rôde un es-prit im--pur le pè-le--rin deviendra sa con-quê-te au--tour de lui rôd

LE VOYAGEUR ET LE [illegible]

ROMANCE.

Musique de Melle A. SANDRIE.

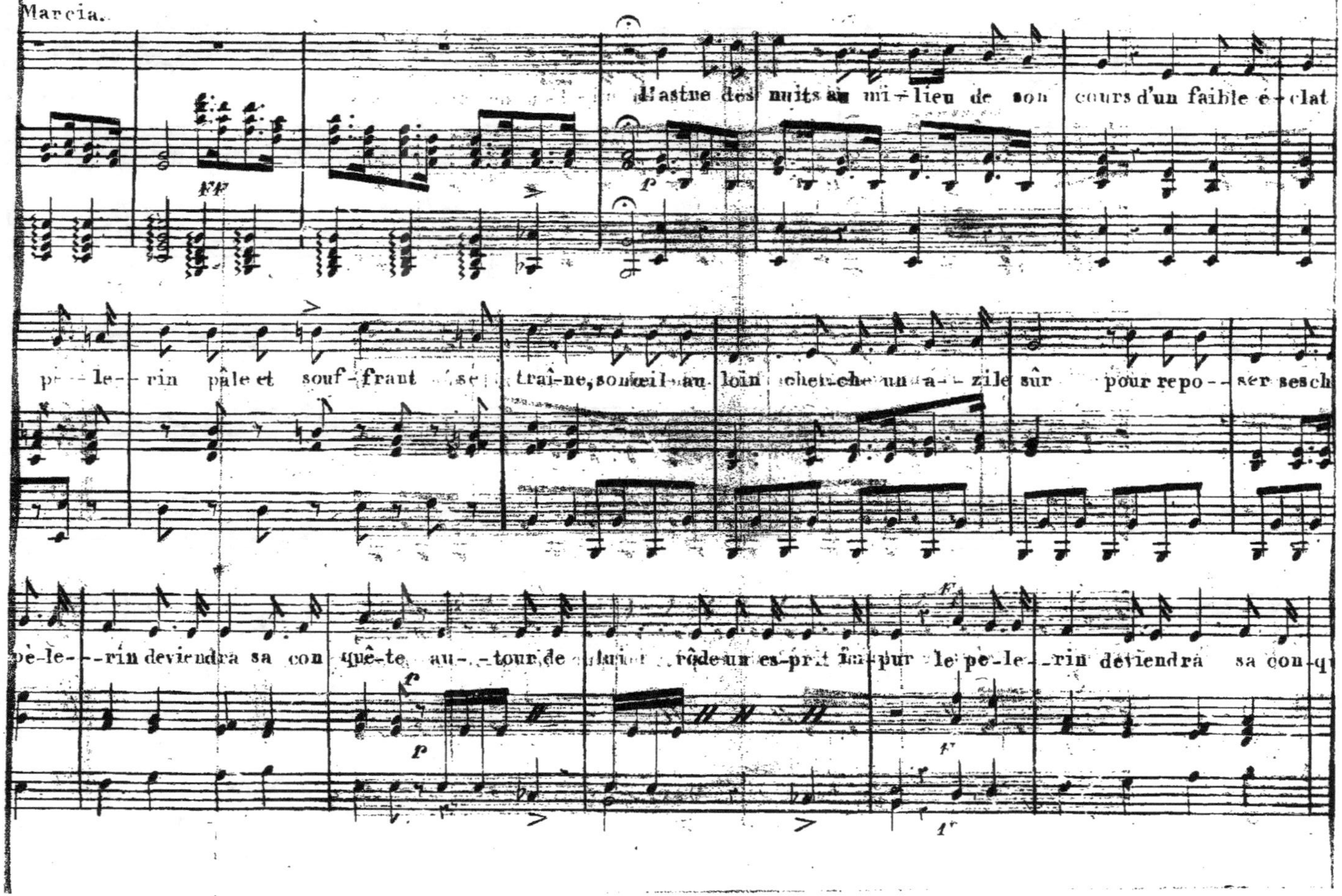

Marcia.

L'astre des nuits au mi-lieu de son cours d'un faible é-clat

pe-le-rin pâle et souf-frant se traî-ne, sommeil au loin cher-che un a-zile sûr pour repo-ser sesch

pe-le-rin deviendra sa con-quê-te au-tour de [illegible] rôde un es-prit im-pur le pe-le-rin deviendra sa con-q

GEUR ET LE LUTIN.

ROMANCE.

de Melle A. SANDRIE

L'astre des nuits au mi-lieu de son cours d'un faible é-clat illu-mi-ne la plai-ne et sur les traî-ne, sommeil au loin cher-che un a-zile sûr pour repo-ser ses chagrins et sa tê-te au-tour de tour de [illegible] rôde un es-prit im-pur le pe-le-rin deviendra sa con-quê-te.

pour soutenir son existence. Vainement la pressait-on de manger davantage, elle refusait obstinément les meilleurs mets ; se contentant d'un peu de viande, qu'elle suçait, car elle paraissait ne point aimer les végétaux. Le calme dont elle jouissait dans son appartement n'était interrompu que par les visites journalières que lui faisaient les enfans. Elle se montrait toujours bonne pour eux, et remplie de prévenances ; elle les flattait, leur parlait avec tendresse, et pourtant quelquefois jetait sur eux d'indéfinissables regards.

Depuis deux semaines qu'elle habitait le château, sa conduite était toujours la même. Raoul, qui veillait constamment sur toutes ses démarches, n'avait pu rien y surprendre de suspect. Vainement s'était-il levé à toutes les heures de la nuit, il n'avait fait aucune découverte qui lui fût désavantageuse : aussi, malgré lui, commençait-il à croire qu'il l'avait mal jugée, et, par degré, il se relâchait de sa constante vigilance.

A cette même époque, Eugène éprouva dans sa santé quelques symptômes de maladie qui inquiétèrent sa mère. L'enfant ne se plaignait de rien en particulier, et cependant on voyait les couleurs disparaître de ses joues, et tout son corps s'amaigrir. Il devenait d'une faiblesse extrême, marchait avec peine, et ne pouvait souffrir la lumière du jour. En même temps il augmentait de vivacité l'attachement qu'il portait à l'étrangère ; il ne pouvait la quitter ; il se laissait aller à de violens mouvemens de colère, lorsqu'on cherchait à le séparer de son amie ; il errait sans cesse autour d'elle, par un mouvement tout à la fois inquiet et satisfait, et passait de longues heures couché dans ses bras.

Ces démonstrations amicales étaient vues avec indifférence par Alinska. Elle était envers l'enfant, comme avec tous les autres habitans de la maison, c'est-à-dire d'une froideur excessive. Elle ne le repoussait pas ; elle consentait à le garder, mais elle se montrait insensible à ses prévenances ;

elle évitait même de le regarder, ou ne portait sur lui qu'un regard atone, dépourvu de toute expression. Cependant elle consentait à le soigner; elle l'encourageait à prendre les remèdes légers qu'on lui administrait, et en ces instans, si elle n'était pas observée, elle amenait sur ses lèvres un sourire sardonique qui ne peignait ni intérêt ni pitié.

Madame Delmont écrivait lettres sur lettres à son mari, pour lui communiquer l'état de marasme dans lequel leur fils était tombé. Elle lui faisait part de ses inquiétudes, et le priait de terminer une absence qui devenait trop pénible. Elle lui avait déjà raconté l'événement survenu dans le pays (l'incendie de la maison isolée), et que c'était au château que l'étrangère malheureuse avait trouvé une retraite. Delmont, dans ses réponses, partageait les angoisses d'Hélène. Il lui promettait de ne pas tarder à se mettre en route ; tout lui faisait espérer un très-prochain accord entre sa sœur et son époux ; et dès le moment où leur réunion serait effectuée, il s'empresserait de les quitter. Il avait fait peu d'attention à l'histoire de l'incendie : aussi n'en parlait-il qu'en passant, et pour approuver, dans toute son étendue, la conduite que sa femme avait tenue en cette circonstance. Il terminait ses missives par des souhaits, ardemment exprimés, pour que le cher Eugène recouvrât la santé.

Mais le ciel ne paraissait pas exaucer les vœux d'un père. L'enfant perdait toujours davantage sa vigueur, et la fraîcheur de son coloris. Déjà sa respiration était embarrassée, et sa tête vacillante retombait sur ses épaules, malgré les efforts qu'il pouvait faire pour la maintenir dans sa position naturelle. Ce changement fatal consternait madame Delmont. Elle était en partie rassurée par l'habileté d'un Docteur qui habitait une commune voisine, et qui venait exactement chaque jour observer les mouvemens de cette singulière maladie. Il ne pouvait y rien reconnaître de positif : l'enfant succombait sous un marasme dont la cause était ignorée. Il paraissait souffrant, et gardait au milieu de sa faiblesse un appétit qui croissait dans la proportion du mal; il se plaignait toujours d'avoir une faim que difficilement il pouvait apaiser : c'était particulièrement dès le matin, lorsqu'encore il n'avait pas quitté son lit, que le besoin de manger se faisait sentir en lui avec plus de vivacité. Il demandait alors les nourritures les plus substantielles, et les avalait comme s'il eût passé plusieurs jours sans avoir pu satisfaire cet impérieux appétit.

Le médecin, dans ces symptômes, croyait quelquefois reconnaître la présence du ténia, qui alors lui eût expliqué l'espèce de faim vorace qui consumait ce pauvre enfant. Mais de plus attentives observations lui présentaient des apparences contraires, qui ne lui permettaient plus de se reposer sur sa première opinion. Il gardait en secret son embarras, afin de ne pas achever d'effrayer une mère déjà assez alarmée. Il feignait de croire que le ténia causait seul ce malaise, et se montrait plein d'espoir; tandis qu'il ne voyait pas les moyens de conduire à bien cette cure fâcheuse.

Alinska quittait rarement son petit ami. Elle écoutait les questions du docteur, les plaintes de madame Delmont, sans jamais se mêler à la conversation. Elle ne s'animait, que lorsqu'il fallait faire prendre quelque remède à l'enfant : alors elle employait sur lui son influence, pour le déterminer à faire ce qu'on exigeait de lui. Eugène lui souriait avec grâce, lui prenait la main qu'elle n'avait point gantée, et promettait d'être sage, si Alinska s'engageait à ne pas le quitter.

« Va, mon ami, lui disait-elle, ne crains rien sur ce point; je me suis trop identifiée avec ton être, pour consentir à me séparer de toi. Je ne t'abandonnerai qu'au terme fatal où l'on doit tout délaisser sur la terre. »

Ces paroles affectueuses perdaient tout leur prix pour ceux qui les entendaient, à cause de la sécheresse avec laquelle elles étaient prononcées. La Hongroise mettait rarement de l'expression à ce qu'elle disait, ou pouvait faire. On eût dit, la plupart du temps, en l'examinant agir, que c'était moins une créature vivante qu'une automate animée, obéissant seulement à l'impulsion des ressorts qui la faisaient mouvoir sans relâche d'une manière uniforme. Tant de froideur excitait parfois dans l'âme d'Hélène un léger mouvement de colère; il était bientôt réprimé, lorsqu'elle se rappelait que la raison de cette infortunée créature avait sans doute été affaiblie par quelque grand malheur. Ce motif l'avait seul détournée de lui adresser les questions que, naturellement, on doit faire à quelqu'un qui est introduit dans une maison. Elle savait, par Alinska elle-même, que le séjour de celle-ci dans le midi de la France devait être borné. Alinska lui avait fait une demi-confidence; si bien, que madame Delmont avait décidé d'attendre le retour du printemps, pour prendre un parti définitif au sujet de l'Etrangère.

En ce moment, toute occupée de la santé de son fils, elle voyait avec plaisir qu'il aimait à se rapprocher d'Alinska. C'était pour lui une douce distraction, lorsque sa faiblesse habituelle ne lui laissait pas la liberté de partager les jeux tumultueux de sa sœur et des autres enfans de la ferme. Plus il avançait dans la vie, et plus les sources qui devaient l'alimenter se tarissaient. Bientôt même, il ne lui fut plus possible de sortir de sa chambre, et ce n'était point sans fatigue, que de temps à autre il essayait de faire quelques pas.

Le bon Raoul, qui, lui aussi, chérissait Eugène par delà toute expression, se montrait inconsolable à l'aspect du mal qui le dévorait. Il ne vivait plus qu'à moitié lui-même. Souvent, sans en rien dire à sa maîtresse, il allait à Toulouse, et ramenait un médecin auquel il croyait plus de science qu'à celui dont les soins journaliers étaient prodigués à l'enfant. Mais vainement se flattait-il d'obtenir, par ce moyen, une guérison tant souhaitée. La réponse de l'homme de l'art, après qu'il avait examiné le sujet, portait une nouvelle désolation dans l'âme de l'ex-militaire.

Le traitement était parfaitement convenable à une maladie dont la cause était inconnue. On pouvait ajouter à ces paroles une ordonnance chargée de drogues différentes, sans pour cela que les résultats changeassent; ils demeuraient constamment les mêmes; et à des yeux exercés, il était de la dernière évidence qu'Eugène marchait lentement vers le tombeau.

Cette cruelle certitude passa enfin dans le cœur de Raoul. Il ne douta pas que la Providence ne voulût retirer à lui cet ange de douceur, et son désespoir fut extrême. Il le porta loin, sans doute; car, dans un de ces momens de délire, où l'âme s'abandonne aux plus étranges conceptions, il fut imaginer que le pauvre Eugène périssait empoisonné, et que la Hongroise était l'auteur de ce crime abominable. Une pareille pensée, la première fois qu'il s'y arrêta, glaça le sang dans ses veines. Il en eut honte peu après, et puis elle revint encore se placer dans sa tête; elle s'y établit, et dès lors ne le laissa plus respirer : elle le poursuivait sans cesse, elle troublait tous ses instans; vainement il lutta contre son invraisemblance. Il voyait Alinska témoigner à Eugène toute la tendresse dont elle était susceptible ; elle ne le quittait pas, et il paraissait horrible à Raoul de soupçonner qu'elle ne tînt cette conduite, qu'afin de mieux épier les progrès de la matière vénéneuse, et pour veiller à ce qu'il ne prît rien de ce qui pouvait en détourner l'effet. Flottant entre mille confuses conjectures, il cherchait les moyens d'éclaircir ou de détruire ses soupçons.

CHAPITRE XII.

La douleur qu'éprouvait madame Delmont, la portait souvent à implorer la protection divine. Elle allait chaque jour à l'église de la paroisse, ouïr pieusement la messe qui était célébrée dans le saint lieu. Elle demandait à la Mère des affligés un secours qu'elle n'osait plus attendre des hommes. Chaque fois qu'elle se rendait où l'appelaient ses maternelles craintes, elle faisait la réflexion que l'impassible étrangère ne songeait jamais à l'accomplissement de ses devoirs pieux.

Déjà plusieurs dimanches s'étaient écoulés, et elle était demeurée constamment au château. Cette indifférence, peu naturelle dans une personne qui paraissait bien élevée, causait quelque peine à madame Delmont. Celle-ci, un jour au moment où la cloche sonnait l'heure de l'office, demanda à la Hongroise si elle ne voulait pas venir à l'église, joindre ses prières à celles des fidèles.

« A l'église ! s'écria Alinska, moi ! que j'aille à l'église ! Non, madame, je ne le puis pas ; il ne m'est plus permis de le faire.

— Eh ! pourquoi seriez-vous bannie du lieu où tous les chrétiens sont admis? Auriez-vous commis quelque faute qui eût appelé sur vous les foudres de l'excommunication? car, à moins de cette cause, je ne vois point pourquoi cette entrée vous serait interdite.

— Je ne suis, répliqua l'étrangère avec une voix grave, ni hérétique, ni excommuniée. Je me suis moi-même placée dans un cas particulier, et, pour la dernière fois, j'ai paru devant le sanctuaire du Dieu de vérité. Depuis lors, mes efforts pour m'y remontrer seraient inutiles. Si j'essayais de le faire, les anges seraient là qui s'y opposeraient. »

Il y avait dans cette phrase un sens

tellement mystérieux, que madame Delmont, tout étonnée, forma sur-le-champ la seule conjecture par laquelle on pût naturellement l'expliquer. Elle jugea que sans doute cette jeune personne avait contracté au pied de l'autel, ou un mariage qu'elle avait profané, ou bien, peut-être, quelques vœux de réclusion, auxquels elle avait été infidèle. Ne voulant donc pas la presser davantage sur ce point, dans la crainte que sa tête ne continuât de s'égarer, elle termina là cette conversation, et partit, sans plus engager Alinska à venir avec elle.

Cependant Raoul, tout entier à sa funeste idée, se désolait de ne pouvoir l'appuyer sur rien de solide. Sa surveillance était vaine; et Eugène se mourait, sans qu'aucun remède le rappelât à la vie. Déjà sa faiblesse était telle, qu'il ne quittait plus le lit, et que chaque nuit, sa mère, Raoul ou Germaine, le veillaient tour à tour. Ce moment qui paraissait le plus critique, fut celui où un mieux assez sensible donna quelque espérance de le voir renaître à l'existence. Les soins assidus qu'on lui prodiguait, sans doute, dans le calme des nuits, rendaient un peu de force à son corps amaigri. Ses yeux se ranimaient, et déjà une faible rougeur se répandait sur ses joues aplaties. La joie éclatait dans le château. Seule, Alinska demeurait insensible. Le regard observateur de Raoul, qui ne la perdait pas de vue, crut remarquer en elle un changement contraire à celui de l'enfant ; elle perdait une portion de son embonpoint. Une sinistre inquiétude siégeait sur son front, qui se décolorait ; sa démarche était brusque, et comme embarrassée ; elle portait souvent une main sur la cicatrice qui existait au côté gauche de son corps ; elle la pressait avec violence, ainsi que s'il se fût agi de retenir le principe vital prêt à s'échapper par cette issue. Par deux fois, Raoul la surprit contemplant la jeune victime avec l'attention d'une féroce impatience ; un geste effrayant à comprendre exprimait sans doute sa pensée. Raoul ne la devina point ; mais il en vit assez, pour demeurer convaincu, que dès le lendemain il fallait que la Hongroise quittât le château, ou que l'enfant terminât sa carrière. Certes, il n'y avait plus à balancer. Il se promit d'agir avec prudence ; mais d'en dire assez à madame Delmont, pour qu'elle fût la première à engager Alinska à aller chercher ailleurs une autre demeure ; il ne convenait pas qu'elle prolongeât son séjour dans celle-ci.

La nuit arriva sur ces entrefaites. Madame Delmont, accablée de fatigue, car depuis plusieurs jours elle veillait elle-même son fils, sentit un besoin impérieux de prendre du repos. Elle voulait désigner une des femmes qui étaient à son service, pour la remplacer auprès du pauvre malade, lorsque la Hongroise, instruite de son dessein lui demanda la préférence, en témoignant combien il lui serait agréable de prodiguer ses soins bienveillans à son jeune ami. Elle employa les termes les plus expressifs, elle montra un tel désir de remplir cet office, que madame Delmont ne crut pas devoir la refuser. C'était d'ailleurs, la première fois qu'elle allait passer la nuit : jusque là elle ne s'était point offerte, et l'on n'avait pas osé le lui proposer.

La chose fut décidée promptement, et Germaine, par oubli sans doute, n'en porta pas la nouvelle à Raoul.

Celui-ci, à l'heure de son coucher, ignorait le changement de garde qui avait lieu; et il entra dans son lit, bien convaincu que le fils de son colonel devait reposer sous la vigilance de la plus tendre des mères. Mais à peine fut-il couché que des pensées pénibles vinrent l'assaillir en foule. Un instant le sommeil s'empara de ses sens, et néanmoins ne lui procura pas le repos. Il fut tourmenté par des rêves bizarres, qui l'agitèrent au dernier point. Tantôt, il croyait marcher au milieu des bois qui bordaient les jardins du château de R***; tout à coup une foule de brigands se présentaient à lui, et, après un combat acharné, l'abandonnaient expirant sur la terre; tantôt, un souvenir des temps reculés le transportait en Hongrie dans la demeure du père d'Alinska. Il voyait sur le seuil de la porte, un cercueil couvert d'une draperie noire et blanche, et orné d'une couronne de lis et de blancs œillets; une foule de jeunes filles entouraient la représentation funèbre; un prêtre paraissait et aussitôt le cortége prenait la route du cimetière du village : là, on déposait dans une tombe, déjà creusée, la bière dépouillée de ses tristes ornemens. Le peuple s'éloignait, après avoir maudit les Français et leur fatale galanterie. Raoul, conduit et dirigé par une puissance supérieure, était le seul qui, malgré ses efforts, ne pouvait sortir du champ du repos dernier. Arrêté sur le sol qu'il foulait à regret, il vit le jour disparaître et l'ombre remplacer la clarté; la lune se lève lentement des bornes de l'horizon, tandis que le militaire essayait de se soustraire au pouvoir qui dirigeait ses pas; enfin, l'astre à la froide lumière parvint à son zénith, alors il prolongea ses rayons jusque sur la terre qui renfermait le cercueil nouvellement déposé en ce lieu. Tout à coup la poussière est jetée çà et là, par un vent impétueux, qui tourbillonne avec fureur, et du creux du funèbre asile, sort lentement une figure voilée du linceul qui la recouvre; elle prend son vol au travers les airs, et il est accordé à Raoul le pouvoir de la suivre. Elle traverse avec rapidité des espaces immenses, toujours accompagnée du militaire terrifié; leur course touche à leur terme. Le cadavre ranimé, parvient jusqu'auprès d'une demeure placée dans la campagne. Raoul reconnaît le château de R***, et frémit de ce qui va se passer!! Son mystérieux compagnon, dont il ne peut voir la figure, dégage du suaire dont il est enveloppé une main entièrement décharnée, et heurte avec violence à la porte, qui est ouverte aussitôt; en même temps il se retourne vers le militaire, et montre à son regard surpris la figure courroucée d'Alinska. Un rêve aussi horrible ne pouvait durer davantage.

Raoul s'éveille, tout baigné de sueur, et, au comble de son effroi, à peine s'il ose ouvrir ses yeux, au milieu de l'obscurité profonde qui l'environne.

Tout ce qui vient de l'occuper imprime dans son âme une terreur dont sa bravoure naturelle ne peut le préserver. Il lui semble que le ciel vient de lui communiquer une effroyable lumière, et qu'il doit en profiter maintenant. Tous les prestiges qui l'étonnaient lui sont expliqués; c'est dans la tombe qu'Alinska a pris le pouvoir qui le surprend. Il pensait avoir à lutter contre une femme égarée par une violente passion, et c'est avec une Intelligence infernale qu'il faut combattre.

Il cède enfin à la superstition, et croit plus aux instigations d'un rêve, qu'à tout ce que la raison peut lui inspirer pour le rassurer. Tandis qu'il s'abandonnait au délire de son imagination, il se rappelle que cette nuit même madame Delmont est occupée à veiller son fils. Elle peut, sans être obsédée par le démon qu'elle a accueilli, écouter les révélations importantes que Raoul doit lui faire. Peut-être Alinska, plongée dans un mortel assoupissement, ne pourra s'interposer entre lui et la mère de la première victime de cette fille sacrilége. Cette idée le frappe; il s'élance sur-le-champ hors de son lit, se vêtit à la hâte, et va pour ouvrir sa porte, lorsque tout à coup une nouvelle idée l'arrête. Il frémit à la pensée de traverser sans armes les vastes salles du château, dans lesquelles il serait possible qu'un Vampire hideux errât en ce moment. Il oublie que l'homme est sans force contre ce qui n'est plus soumis aux lois de la nature, et il cherche à la clarté de la lune qui luisait au travers la croisée, ses pistolets, qui demeurent toujours chargés auprès de lui. Muni de ce moyen de défense, se confiant en la pureté de ses intentions, il sort enfin de sa chambre, se dirigeant vers celle du malade, dans laquelle il croit rencontrer la femme de son colonel.

Redoutant toujours que le plus léger bruit n'enlève Alinska à son sommeil léthargique, il avance lentement, avec précaution retient son haleine, et tremble à la pensée qu'il pourrait être entendu. Il a déjà monté le grand escalier, il est parvenu dans la grande salle, et rien d'effrayant ne s'est montré à lui. Il arrive au salon de compagnie, qu'il traverse pareillement, sans aucune rencontre fâcheuse, et déjà il va ouvrir la porte de la chambre, où madame Delmont est auprès de son fils : mais en ce moment, il songe que peut-être elle est assoupie, et qu'en se montrant inopinément devant elle, il lui occasionerait un instant d'involontaire effroi. Pour s'assurer si elle dort, ou si elle veille, il porte son œil vers l'ouverture de la serrure et regarde dans l'appartement.

O surprise! ce n'est point Hélène qui s'y trouve, mais bien l'inexplicable Alinska. Elle se promène à pas lent; elle semble s'agiter néanmoins avec impatience; elle regarde tantôt le lit dans lequel repose l'enfant, tantôt la lune, qui continue de s'avancer dans un ciel sans nuage..... L'horloge du château sonna une heure du matin.... Alors la figure d'Alinska se décompose, une affreuse joie contracte ses traits; elle ôte précipitamment le gant qui cache sa main gauche, et soudain se précipite sur le lit. Elle pose sa bouche fétide sur la bouche pure de l'enfant, et semble boire à longs traits le sang qu'elle aspire de la poitrine de cet être infortuné.

C'en était trop pour Raoul. Dût-il perdre la vie, il ne peut soutenir cet horrible spectacle. Il prend un pistolet, qu'il arme aussitôt; il ouvre précipitamment la porte, et s'élance vers le monstre dont il veut punir les forfaits.

« Tu m'es enfin connue, s'écria-t-il, va, retourne aux enfers, ne souille plus la terre de ta présence. » Il dit, et sans plus calculer les suites de son action, il lâche la détente. Le coup part, Alinska est frappée; mais, plus prompte que l'aigle surpris dans son aire par l'audacieux chasseur, elle se jette en bas de la couche qu'elle profanait.

« A moi ! dit-elle ; à moi, la mort ! ne t'en flatte pas, misérable ; c'est toi qui vas ensevelir mon secret dans le terme de ton existence. »

Un poignard acéré brille dans sa main. Vainement Raoul lâche son second coup, qui s'égare, et n'atteint que la muraille. Le fer meurtrier, dirigé vers son sein, lui perce le cœur, et Raoul, n'ayant pas même le temps de pousser un soupir, tombe sur le plancher, sans que la vie l'y accompagne.

CHAPITRE XIII.

Le bruit répété de deux armes à feu ayant retenti dans le château, y répandit sur-le-champ une terreur inexprimable. Les hommes de la ferme, dont quelques-uns couchaient dans la maison, n'étaient point livrés au sommeil, à cause d'un voyage qu'ils devaient faire à Toulouse, et dont ils arrangeaient les préparatifs. Ils se répandirent soudain dans les divers appartemens, tandis qu'une femme ouvrant la porte principale, fut appeler du secours, soit à la maison des autres paysans, soit dans le voisinage.

Madame Delmont, qui, toute à son inquiétude, dormait cependant alors, fut réveillée en sursaut par le premier coup de pistolet, qu'elle cherchait à prendre pour un de ces bruits nocturnes qui, nous arrachant au repos, nous paraissent cent fois plus étendus qu'ils ne le sont en réalité. Mais le second se faisant entendre presque sur-le-champ, elle ne forma qu'une seule conjecture, celle que des brigands s'étaient introduits dans le château, et que le brave Raoul était sans doute à les combattre. Après cette première pensée, la seconde appartint à son fils : elle lui donna le courage de se lever précipitamment, et, sans songer au danger qu'elle pouvait courir elle-même, elle passa dans la chambre où devait se trouver l'objet de ses pressantes sollicitudes.

De quel affreux spectacle ses yeux furent frappés, lorsqu'à la clarté de la lune qui brillait au travers d'une fenêtre entièrement ouverte, et à la pâle lueur d'une veilleuse, elle aperçut deux corps sanglans étendus sur le plancher, et qu'elle reconnut Raoul et l'étrangère. Poussant alors un cri d'horreur, elle courut vers le lit de l'enfant, et se hâta de prendre dans ses bras cette faible créature. Mais ce fut en vain qu'elle chercha à l'arracher au sommeil qui paraissait l'accabler; elle ne le put, car Eugène ne devait cesser de dormir qu'à l'époque incertaine de l'éternel réveil. Cette douloureuse certitude achevant de plonger Hélène dans un cruel désespoir, elle tomba plus qu'à moitié inanimée auprès des cadavres qui déjà remplissaient cette salle de désolation.

Peu de temps après cette heure funeste, les fermiers, les deux femmes de service arrivèrent, armés des instrumens aratoires qu'ils avaient rencontrés. Ils virent une échelle de soie attachée fortement à la croisée; ils trouvèrent Raoul et Alinska baignés tous deux dans leur sang, et ne donnant plus aucun signe de vie. Plus loin ils aperçurent madame Delmont, qui respirait encore, couchée auprès des tristes restes de son fils. Cette scène horrible amena dans l'âme de ceux qui la contemplaient une terreur bien naturelle. Les assassins ne pouvaient être bien loin; mais peut-être déjà, par le moyen de l'échelle, avaient-ils pris la fuite. On se hâta, d'une part, de prodiguer des soins empressés à madame Delmont, et de l'autre, de poursuivre dans le château les recherches déjà commencées.

Le nombre des assistances ne tarda pas à être augmenté; les voisins accourent de toutes parts, ayant les magistrats locaux à leur tête. Mais les perquisitions les plus étendues n'amenèrent aucun résultat ; on ne trouva dans la maison aucune trace qui annonçât la présence des voleurs. On acquit alors la certitude que, justement épouvantés par les coups de pistolet qui avaient été tirés, ils n'avaient point tardé à prendre la fuite. On se mit à leur poursuite ; on parcourut les campagnes voisines, même avant le lever de l'aurore : on ne fut pas plus heureux. Ils se dérobèrent à ce que l'on imagina, au châtiment que méritaient de tels crimes.

Hélène, vers le matin, parut revenir à elle ; ses sens accablés se ranimèrent insensiblement, et son premier cri fut pour demandér son fils, son cher Eugène. Une dame, qui était accourue à la nouvelle de cet événement, essaya d'apporter quelque consolation dans une âme brisée par la douleur; ses soins délicats étaient inutiles à cette heure : la mère affligée appelait son fils, et ne voulait rien écouter. Hélas! le pauvre enfant ne pouvait plus l'entendre ; lui aussi avait été l'une des victimes de cette effroyable nuit. Il avait succombé inopinément, alors que la guérison paraissait assurée.

Hélène l'avait vu expiré, et néanmoins elle repoussait cette fatale vérité : le doute lui paraissait préférable à une réalité qui lui enlevait tout espoir.

Sur ces entrefaites, deux nouveaux personnages arrivèrent au château : le Docteur, d'une part, et le colonel Delmont, de l'autre. Le premier avait été envoyé chercher par l'ordre des magistrats, pour dresser le procès-verbal qui était réclamé par la justice. Le second, ayant enfin réconcilié son beau-frère et sa sœur, n'avait point perdu le temps, afin de venir trouver, dans les embrassemens de sa famille, la récompense de cette belle action. Qu'il était loin de s'attendre à la catastrophe dont il allait être le témoin ! Il pensait que sa présence amènerait l'allégresse dans le château ; et ce fut le coup le plus cruel qu'il reçut lui-même, lorsque l'un des fonctionnaires publics, le prenant à part, lui révéla les malheurs qui venaient de fondre sur sa maison.

Delmont était père ; il en avait tous les sentimens. Accablé du récit funeste qu'il écoutait, il ne chercha point à dissimuler sa profonde douleur; mais en même temps il demanda à voir sa femme, afin de pouvoir mêler ses larmes à celles qu'elle devait répandre. Nous ne peindrons point la scène déchirante de leur entrevue, les regrets touchans qu'ils exprimèrent tous deux. On eut beaucoup de peine à les arracher d'auprès le corps de leur fils, qu'ils ne pouvaient point quitter. La vue de Juliette, loin de les calmer, augmentait encore l'explosion d'une juste sensibilité ; et dans le premier moment, ce que l'on eut de mieux à faire, fut de les abandonner à eux-mêmes, le temps seul pouvant adoucir leurs regrets.

Au milieu du chagrin que le colonel éprouvait de la perte de son fils Eugène, il n'oubliait pas celle du fidèle Raoul. Tant d'années passées ensemble, tant de périls courus en même temps, des services réciproques rendus l'un à l'autre, laissaient un triste souvenir dans l'âme d'Edouard. Il engagea le chirurgien, qui était venu lui offrir ses soins, à ne rien négliger de ce qui pourrait rendre à la vie ce brave militaire. Mais nulle espérance sur ce point ne pouvait être conservée ; le fer homicide avait trop droit frappé au milieu du cœur, pour que l'on pût rappeler ce malheureux à l'existence. Il en était de même de la jeune dame, qui avait également été la victime des meurtriers ; la balle était entrée dans la poitrine, et ressortie par le dos ; une double blessure annonçait que sa mort était certaine : il ne restait plus qu'à lui rendre les derniers devoirs.

Delmont, consterné par un rapport semblable, ne demanda point à voir ces restes inanimés. Il rentra dans la chambre de sa femme, après avoir prié le fonctionnaire public de vouloir le suppléer dans les devoirs qu'il fallait remplir ; souhaitant toutefois que le corps d'Eugène, qui paraissait n'être pas expiré de mort violente, fût conservé jusqu'au jour prochain. On lui donna cette fois une réponse favorable, et en même temps on procéda à l'enlèvement des deux autres corps : celui de Raoul fut transporté dans la chambre qu'il avait occupée précédemment ; on descendit celui de l'étrangère dans une salle basse, que l'on appropria, pour la circonstance, le mieux qu'on put.

Le double enterrement devait avoir lieu à quatre heures du soir. Déjà le pasteur, qui revenait d'une autre commune dont il était à la fois le desservant, allait entrer dans l'église pour revêtir les habits sacerdotaux ; déjà la cloche faisait entendre le glas funèbre, lorsque d'épais nuages, qui avaient depuis quelques instans envahi les cieux, se déchirèrent avec un fracas sans pareil. Des foudres, coup sur coup redoublées, se mêlèrent à des torrens d'eau ; un épouvantable combat s'engagea dans l'air entre le violent vent de Sers et le vent d'Autan, dont l'impétuosité est égale. Ces deux fiers rivaux troublèrent la contrée ; d'énormes tourbillons de feuilles, des débris de gerbières, des terres, des matières plus pesantes même, emportés de toutes parts, heurtaient les toits affaissés sous la pesanteur de l'orage ; et, dans le cataclysme universel, on eût dit qu'un nouveau déluge répandait ses eaux sur cette partie de la France, que sa position exhaussée devait cependant mettre à l'abri des inondations.

Au milieu des mugissemens de la tempête, plusieurs villageois crurent entendre des voix rauques et terribles pousser aussi de sinistres clameurs. Ils ne doutèrent pas que les esprits malfaisans, répandus dans les nuages, ne se réjouissent de l'attentat qui venait de souiller la contrée! Peut-être même, pensa-t-on, les personnes assassinées n'étaient point en état de grâce, et leurs âmes, repoussées du ciel, erraient à l'entour de leur corps, dans lesquels elles s'efforceraient en vain de rentrer.

La commotion qui agitait la nature ne s'apaisa que bien avant dans la nuit. Tant qu'elle dura, il fut impossible de songer à faire la cérémonie funèbre : il y aurait eu danger de mort pour l'imprudent qui aurait osé s'exposer à quitter l'asile qu'il avait eu le bonheur de rencontrer. Il fallut donc la remettre au jour suivant, et ce ne fut pas une médiocre peine pour les habitans du château. Madame Delmont seule ne s'en occupa point; son fils qu'elle ne verrait plus, enchaînait toutes les facultés de son âme; elle également semblait ne plus tenir à la vie, que par l'espoir de bientôt la quitter. Son époux était devant elle, obligé de surmonter ses angoisses; pour adoucir les siennes, il lui montrait leur fille, dont la beauté, en ce moment solennel, était rehaussée par les pleurs qu'elle versait. Il la conjurait d'avoir plus de résignation dans la volonté de la Providence. Vains efforts! Hélène l'entendait, et ne l'écoutait pas: elle ne voyait qu'une chose: c'est que son fils lui était enlevé sans retour.

Tandis que cette scène de désolation se prolongeait dans l'appartement de la famille, et que depuis long-temps régnaient d'épaisses ténèbres, dont la noirceur des nuages augmentait la densité, les paysans de R***, de l'un et de l'autre sexe, qui devaient faire la veillée des morts, s'étaient réunis dans la cuisine du château, et se préparaient à leurs tristes fonctions, en se livrant aux plaisirs de la table. Le vin circulait dans de grandes bouteilles de verre noir, et l'on buvait à la santé de l'honorable compagnie. De temps en temps, l'insensibilité de cette classe de la société laissait échapper quelque grossière plaisanterie; elle amenait un rire involontaire sur les lèvres des auditeurs, qui, bientôt, réprimaient les éclats dont la cause contrastait trop avec le deuil dont la maison était remplie.

La conversation cependant ne tarissait point; elle changea souvent de motif, mais elle revenait presque toujours aux événemens de la nuit précédente.

« Voyez, disait Germaine, ce que c'est que de nous; ce pauvre Raoul, hier si leste, aujourd'hui couché mort dans cette chambre voisine!

— Et son âme, dont vous ne parlez point, dit une vieille décrépite, dont le sinistre regard faisait trembler les garçons et les filles du village, lorsqu'il se reposait sur eux, pensez-vous qu'elle soit maintenant à son aise? la! mourir sans confession, comme une brebis qu'on égorge! nous laissera-t-elle tranquille? ne viendra-t-elle pas avant la nuit de

Noël, nous tourmenter, parce qu'elle souffrira elle-même?

— Voilà comme vous êtes, mère Pernot, répondit un valet de labour; vous ne seriez pas contente, si vous perdiez une circonstance de nous épouvanter. Et pourquoi voulez-vous que le brave Raoul, qui ne nous a fait que du bien durant sa vie, vienne nous désespérer, maintenant qu'il est mort?

— S'est-il confessé?

— Le savez-vous? vous a-t-il fait confidence du contraire? D'ailleurs, il a rempli tous ses devoirs; dimanche dernier il était près de moi à la messe.

— A merveille, Nicolas, pour Raoul; mais la jeune dame qui repose ici près, allait-elle à la messe, celle la? nous a-t-elle jamais fait connaître quelle était sa religion? Aussi la colère de Dieu s'était déjà manifestée contre elle. L'incendie de la maison qu'elle avait achetée, son domestique brûlé sous ses yeux; elle n'a écouté aucun de ces avertissemens; et elle a péri, lorsque sans doute elle se promettait de longs jours : elle voulait compter avec la mort; folie extrême! elle est là, et nous sommes ici.

— Et nous boirons à sa santé, répliqua un meûnier du - voisinage, dont la taille colossale et la force extraordinaire étaient les objets de la publique admiration; espérons qu'elle se plaira dans sa tombe, et qu'elle ne s'en relèvera pas. »

Ici, un gémissement étouffé se fit entendre. Tous les villageois, surpris, se levèrent à demi; l'effroi parut sur plus d'un visage, et celui qui venait de parler ne montra pas moins de pusillanimité.... Minuit sonna à la pendule de l'escalier, et on écouta, en silence, le timbre retentissant.

« Qui peut avoir soupiré? demanda enfin un des interlocuteurs.

— La jeune dame, peut-être, reprit la vieille; elle a voulu remercier le farinier, du vœu qu'il formait pour sa santé.

— Allons, mère Pernot, dit le meûnier, pas de mauvaises plaisanteries. Laissons les choses comme elles sont, et ne revenons pas sur le passé.»

Un second gémissement parvint aux oreilles de la compagnie, qui, tout à la fois poussa un cri d'épouvante et de confusion.

« Sainte Vierge, notre protectrice! s'écria, Germaine, cela part de la chambre où repose le corps de la dame. Mon Dieu! qui sera assez courageux pour aller s'en assurer? »

Nul des assistances ne répondit à cet appel; lorsqu'une troisième fois la voix se fit entendre, mais d'une manière si distincte, qu'il fallut se rendre à l'évidence. La terreur alors s'empare de la troupe éperdue. On se hâte de s'éloigner d'un lieu si redoutable, et plusieurs gagnaient la porte du château, tandis que d'autres prirent le parti d'aller éveiller le chirurgien, qui n'avait pas voulu quitter madame Delmont, avant de la voir plus calme, et lui racontèrent ce qui se passait. Il accusa d'abord leur frayeur d'avoir donné naissance à cet incident; sur les assurances multipliées qu'il reçut de l'existence du fait, il ne balança pas à se lever de son lit, sur lequel il s'était jeté tout habillé, et à descendre dans la salle basse, d'où étaient partis les accens qui avaient causé cet effroi. Delmont, qui ne dormait pas, ayant entendu un tumulte extraordinaire, se montra curieux d'en connaître la cause; s'apercevant que sa femme, succombant à l'excès de la faiblesse, s'était assoupie en ce moment, il prit le chemin de l'escalier, où il rencontra le Docteur qui se préparait à descendre, et qui, chemin faisant, lui apprit qu'une terreur sans doute panique avait effrayé tous ceux qui s'étaient engagés à veiller durant cette nuit.

Tous les deux, écoutant l'orage qui grondait encore, ne doutèrent pas que les sifflemens des vents déchaînés n'eussent été pris pour de lugubres gémissemens, par des villageois superstitieux, toujours prêts à attribuer aux causes les plus simples des origines miraculeuses. Ils continuèrent leur marche, et, suivis de la foule qui n'était pas encore rassurée, ils parvinrent à la pièce où l'on avait déposé le corps de l'étrangère, et que plusieurs lampes éclairaient.

Comme ils dépassaient le seuil de la porte, un nouveau gémissement s'éleva; il ne fut plus permis de douter que ce ne fût de la bière même qu'il était sorti. La cohorte champêtre aussitôt en partie reprit la fuite; mais les plus braves demeurèrent, lorsqu'ils entendirent le colonel et le docteur s'écrier en même temps : « elle vit encore, l'infortunée! ah! sauvons-la à l'horreur de sa position! »

Ils s'approchèrent, avec empressement, du cercueil dans lequel Alinska était couchée; ils la soulevèrent doucement, et sans la débarrasser de son suaire, ils la transportèrent, avec précaution, dans la chambre qu'elle avait occupée. Le Docteur, durant le trajet, posant sa main sur le cœur de cette ressuscitée, reconnut qu'il recommençait à battre, quoique bien faiblement. Confondu outre mesure par un pareil phénomène, il se promit de donner tous ses soins à l'être qui revenait à la vie, des bras même de la mort. Il engagea le colonel à dégager le linge dont la tête de la jeune beauté était couverte. Delmont obéit: il examine avec une avide curiosité des traits complétement décolorés; mais à quel point monta sa surprise, lorsque ce visage charmant lui prouva que c'était la malheureuse et passionnée Alinska qu'il soutenait dans ses bras ! un cri échappa de sa bouche. Il eût fait connaître à un observateur éclairé l'état de son âme. Le Docteur, tout absorbé dans ses réflexions, y fit à peine une légère attention ; il l'attribua à la sensibilité du colonel, sans se douter de la vérité. Delmont, du reste, voulut la dérober aux assistans. Il renferma dans lui toutes les émotions qui l'assaillirent en foule, et cherchant au milieu des événemens inconcevables et douloureux qui l'accablaient de tous côtés, il ne montra pas un front plus soucieux qu'avant sa découverte.

Le Docteur, engageant les villageois à se retirer, voulut être seul avec les femmes, qui, devenues hardies dès que le péril imaginaire avait été détruit, réclamaient le droit de soigner une personne de leur sexe. Le colonel lui-même quitta l'appartement. Mais avant de sortir, il s'approcha de l'homme de l'art, et, dans un transport dont il ne fut pas le maître, il le conjura d'employer toutes les ressources de sa profession, pour rappeler des portes du tombeau l'infortunée qui venait d'y descendre.

« Soyez sans crainte, colonel, répliqua le Docteur ; je suis intéressé à conduire vers le succès une cure qui se présente sous un aspect merveilleux. L'art, peut-être, pourra faire beaucoup ; croyez cependant que le plus positif du prodige appartient à la nature : seule elle peut amener des retours aussi étonnans. J'aurais juré que le coup de pistolet avait sur-le-champ tué cette jeune personne ; tous les symptômes de l'animation avaient disparu ; et je regarderai, si elle se ranime, ceci moins comme une guérison, que comme une résurrection, dont la cause nous sera toujours cachée. »

Après ces paroles, qui rendirent quelque espoir à Delmont, il s'éloigna à pas lents, ne sachant plus à quelle idée se fixer, tant ce qu'il voyait bouleversait ses pensées. Il retourna vers sa femme, qui goûtait encore le repos malfaisant d'un sommeil léthargique. Combien devait être douloureux son réveil ! De quel coup nouveau allait-elle être frappée, à la nouvelle du retour à la vie de l'étrangère, tandis que son fils ne lui était pas rendu par un phénomène pareil !

CHAPITRE XIV.

Parmi les événemens qui avaient pu agiter la vie du colonel Delmont, l'apparition de la hongroise Alinska, au fond de la France et dans le château de R***, était sans doute celui qui le surprenait le plus. Le caractère énergique de cette jeune personne, qu'il avait mal jugé, cet amour extrême dont, par sa présence, elle lui donnait la plus éclatante marque, portaient dans son cœur des émotions, dont encore il ne pouvait se rendre compte. Ce n'était pas pour lui reprocher seulement son parjure qu'elle avait traversé tant de pays; elle devait vouloir davantage, et il frémissait en songeant aux pénibles scènes qu'elle lui préparait. D'une autre part, et par une de ces bizarreries si ordinaires à l'esprit humain, lui qui eût été charmé de ne plus revoir cette femme, craignait maintenant de la perdre, et eût donné une forte portion de sa fortune pour avoir l'assurance qu'elle reviendrait à la santé. Il désirait l'entretenir au moins une fois, se disait-il à lui-même; il lui fallait ouïr de sa propre bouche le récit de tout ce qu'elle avait dû faire, pour parvenir jusqu'à R***. Ainsi, sous les dehors d'une simple curiosité, Delmont se déguisait à lui-même la présence nouvelle d'un bien dangereux sentiment. Mais, tandis qu'il s'occupait de toutes ces choses, il se promettait de les ensevelir dans son sein, de ne jamais allumer la jalousie dans l'âme d'Hélène, par des confidences dont il pouvait apprécier le dangereux effet. Il résolut de traiter Alinska comme une femme étrangère, tant qu'il lui serait possible de le faire; à moins que, par quelque imprudence, celle-ci ne l'obligeât à une tardive révélation.

Cependant, son inquiétude ne lui permettait pas de demeurer en repos. La mort de son fils bien-aimé, celle de Raoul, auquel il était si vivement attaché, lui procuraient d'autres angoisses, dont l'amertume était extrême. Il voyait disparaître, dans le premier, l'objet de ses paternelles affections et de ses espérances; dans le second, il perdait un ami, dont l'affection ne pouvait être mise en doute, et qui, dans les circonstances présentes, fût encore devenu son utile confident. C'était donc tout naturellement qu'il mêlait sa douleur à celle de sa femme, et que, près d'elle, il redoutait le retour de la journée qui bientôt allait reparaître. Un soin fatal l'occupait encore : il voulait ignorer, et surtout que sa compagne ne pût deviner, le moment cruel qui éloignerait sans retour les restes de leur enfant. C'était avec un continuel frémissement, que le moindre bruit inopiné parvenait à son oreille : il tressaillait alors; et malgré lui serrait sa femme dans ses bras, comme pour lui annoncer la consommation de leur malheur.

Grâce aux soins d'un voisin officieux, et à ceux du sensible pasteur de la paroisse, un silence profond présida à l'enlèvement des corps, qui eut lieu à l'heure de la naissance de l'aurore. La cérémonie funèbre ne commença qu'à une distance considérable du château, et le vent de Sers, qui soufflait avec impétuosité, emporta d'un côté opposé les chants funèbres et le glas mortuaire. Madame

Delmont avait formé le projet douloureux de revoir une autre fois les restes de son fils, elle les demanda lorsque déjà ils étaient en repos dans la terre sacrée; et son désespoir redoubla de vivacité, quand elle eut la certitude qu'il ne lui restait plus, de son Eugène, qu'un déchirant souvenir.

Tout occupé d'apporter à cette douleur, qu'il partageait avec véhémence, des consolations qu'il avait peine à trouver dans son cœur, le colonel perdit presque l'idée qu'Alinska était près de lui. Ce ne fut que bien avant dans la journée, qu'il songea à demander de ses nouvelles à M. Mélervant (ainsi se nommait le Docteur), qui était venu le trouver.

« Je vous l'ai déjà dit, répliqua celui-ci, il y a dans ce qui concerne cette personne quelque chose d'inexplicable, et dont je cherche vainement à me rendre compte. Jamais retour à la vie n'a été si inespéré. Cependant, vivra-t-elle? je ne puis encore l'assurer; sa blessure est des plus dangereuses, et déjà une autre, qui semblait devoir être descendue jusqu'au cœur, a dû mettre son existence dans un danger plus imminent.

— Une autre blessure, dites-vous? docteur, vous me surprenez; il m'a semblé avoir entendu dire hier, à mon arrivée, qu'un seul coup de pistolet avait atteint cette jeune personne.

— Aussi ne vous ai-je point dit que

cette blessure était récente. Il y a long-temps qu'elle a été ouverte par un instrument tranchant; loin d'être complétement cicatrisée, elle est encore sanguinolente; elle porte un caractère particulier, qui passe, je l'avoue, mes faibles connaissances. Dans tout autre individu, elle me présenterait un péril pressant; et néanmoins il paraît que depuis long-temps cette dame existait, remplissait librement toutes les fonctions de la vie, sans être embarrassée par une blessure qui eût dû la faire descendre au tombeau. Certes, elle ne peut se plaindre de l'admirable tempérament que lui a départi la nature. Elle a encore un trait assez particulier : sa main gauche est recouverte d'un gant, formé d'une peau très-épaisse ; j'ai voulu le couper, afin de rendre à cette infortunée toute la liberté de ses mouvemens ; son bras, lorsque je l'ai touché, a été mu par une agitation sans pareille, et la main, d'abord ouverte, s'est fermée avec tant de force, que je n'ai pu parvenir à accomplir mon dessein.

— Tout ce que vous m'apprenez, docteur, me cause une vive surprise. Ne vous rebutez pas, je vous en conjure ; voyez combien l'humanité nous commande impérieusement de prendre soin de cette femme infortunée. D'ailleurs, elle seule peut nous faire connaître les détails de tout ce qui s'est passé dans cette nuit désastreuse ;

peut-être pourrons-nous obtenir d'elle d'utiles renseignemens pour atteindre les misérables dont la tentative, sans résultat pour eux, a été néanmoins si fatale pour nous.

— Monsieur le colonel, vos instances ne sont pas nécessaires. Outre l'accomplissement des devoirs auxquels je me suis soumis en embrassant ma profession, je ne vous cacherai pas que cette femme m'inspire un vif intérêt. La rare perfection de ses formes, la beauté de sa figure, ont jeté, je l'avoue en rougissant devant vous, un trouble sans pareil dans mes sens. Je voudrais, en lui rendant la vie, obtenir d'elle plus que de la reconnaissance. Pourquoi êtes-vous ému de cet aveu ? vous paraîtrait-il condamnable ?...

— Qui ! moi ! docteur ; eh ! quel droit aurai-je pour le blâmer ? Il me semble seulement, que tout ce qui se passe en nous et autour de nous est maintenant extraordinaire. Vous voilà amoureux d'une personne que hier vous ne connaissiez pas ; et c'est lorsqu'elle appartient encore plus à la mort qu'à la vie, qu'elle a déjà fait votre conquête. Que sera-ce, lorsqu'elle joindra à ces avantages physiques, ceux plus entraînans de l'esprit, que sans doute elle doit avoir ?

— Colonel, permettez-moi de vous le dire ; c'est bien légèrement que vous parlez sur ce point. Je ne vous connaissais pas cette gaîté.

— Ah! pardonnez, mon cher docteur, à l'agitation de mon être, je ne sais ce que je fais, tant la douleur anéantit mes facultés. Vous me faites apercevoir que mes discours sont en rapport avec le bouleversement de mon âme. Hélas! dans ma position, dont vous ne pouvez apprécier tout le supplice, il est permis de paraître ignorer les règles des convenances, auxquelles en d'autres temps je me flatte de ne pas manquer. »

Ce discours, loin de démentir ce qu'il voulait dire, donna au Docteur, par le décousu des phrases qui le composaient, la preuve non équivoque que le colonel, encore tout à sa douleur, n'avait pas repris en entier l'exercice de son intelligence. Il ne fut pas soupçonner qu'une cause secrète, un mouvement rapide de jalousie, avait fait parler Delmont. Celui-ci, honteux d'avoir un instant oublié sa résolution, et presque donné à Mélervant le droit de lire dans son âme, préféra lui laisser croire que l'excès de l'affliction lui ôtait quelque chose de la rectitude de ses idées. Il ne fut entièrement satisfait, que lorsqu'il eut pu lire dans les yeux de son interlocuteur, la preuve que celui-ci attribuait l'étrange légèreté de son propos à la perte récente qu'il venait de faire. Rassuré sur ce point, il changea de conversation, et engagea de nouveau l'homme de l'art à ne s'éloigner du château qu'à la dernière extrémité, tant que la dame blessée et madame Delmont auraient besoin de sa présence.

« Ce lieu, reprit Mélervant, doit être désormais mon quartier-général, jusqu'à nouvel ordre. Je ne le quitterai, je vous jure, que momentanément; et dans les seuls cas où des accidens imprévus réclameraient ailleurs ma présence d'une façon impérieuse. Soyez donc sans crainte, je sais ce que je dois à de pareils malheurs. »

Delmont, alors, demanda s'il ne pouvait point être admis auprès de l'étrangère, afin de lui faire une visite que les convenances ordonnaient.

« Vous êtes, monsieur, le maître de le faire; mais vos complimens s'adresseront, pour long-temps encore, à un corps presque inanimé. Cette dame, avant quinze jours au moins, demeurera dans une complète insensibilité. Le sang qu'elle a perdu la maintiendra dans cette faiblesse; et nous devons nous dire heureux, si, à la fin du mois, à dater de cet instant, elle pourra répondre à nos questions.

— Il faudra prendre patience jusqu'à cette époque, répliqua le colonel, d'un ton qu'il cherchait à rendre indifférent : ce sera vous, docteur, qui nous guiderez dans ce que nous aurons à faire. Je n'ai pas besoin de vous dire que je vous investis, ici, du plus absolu commandement. »

Mélervant répondit à cette politesse par une simple inclination. Tout à coup la porte de la chambre de madame Delmont vient à s'ouvrir, et Germaine parut, annonçant que sa maîtresse venait de s'evanouir. Les deux personnages, à cette fâcheuse nouvelle, terminèrent leur conversation, pour courir où leurs devoirs et leur sentiment les appelaient.

Durant plusieurs jours, madame Delmont retomba dans ces faiblesses, occasionées par l'excès de la douleur, dont elle se nourrissait. Rien ne pouvait plus la distraire; tout entière à une pensée unique, elle y rapportait même les choses les plus opposées.

Alinska était destinée à tromper le Docteur dans tous ses calculs. Sa santé mit à se rétablir moins de temps qu'il ne l'avait fixé ; et ce ne fut pas lui qui eut le bonheur d'entendre parler le premier cette belle personne. Le huitième jour après celui du funeste événement, Delmont, qui déjà plusieurs fois était venu dans la chambre de la Hongroise, pour s'informer par lui-même de ses nouvelles, trouva la garde inquiète de ce que son déjeûner n'arrivait pas. Il crut pouvoir lui proposer d'aller le quérir elle-même, tandis qu'il lui promettait de veiller sur la malade, s'engageant encore à ne point la quitter avant son retour. La garde, charmée d'un tel acte de complaisance, et craignant peut-être que le colonel s'en dédît, le prit au mot, et s'éloigna sur-le-champ.

Delmont, resté seul en présence de l'objet important de ses premières amours, demeura d'abord immobile devant le lit qui renfermait Alinska, et s'abandonna bientôt à une douloureuse rêverie, en contemplant ce front décoloré, ces joues amaigries, et ces yeux entièrement fermés. L'immobilité de la Hongroise était complète. A peine une légère respiration prouvait qu'elle tenait encore à la vie par un faible lien.

« Pauvre créature ! » dit Delmont à demi-voix : « est-ce donc là où je devais te revoir, et où te devait conduire ta fatale tendresse ? »

Un soupir, échappé des lèvres d'Alinska, frappa l'oreille du colonel, en lui procurant une sensation pénible. Il s'approcha davantage. Bientôt il vit les paupières de celle qu'il examinait avec tant d'attention s'agiter par un mouvement presque insensible ; ses yeux brillèrent enfin, ils se tournèrent vers lui ; et en même temps une rougeur subite couvrit le visage d'Alinska, et sa bouche prononça le nom d'Edouard.

« Alinska ! m'as-tu reconnu ? » lui dit à son tour le colonel, presque suffoqué par la violence de la sensation qu'il éprouvait. Ah ! combien je dois être pour toi un objet d'horreur !

— Edouard, m'aimes-tu ? »

A cette question imprévue, et à laquelle il n'était point facile de répondre, Delmont demeura comme pétrifié. Sa langue était prête à prononcer une parole rassurante; mais sa raison, mais la vérité, peut-être, retinrent ce qui allait lui échapper. Il ne put que couvrir sa tête avec ses mains, et il garda un profond silence.

« Édouard, cruel et cher ami, veux-tu me donner la mort à laquelle j'échappe ? »

Oh! combien il parût affreux à celui auquel on adressait ce reproche, de ne pas rassurer l'infortunée, qui semblait ne renaître que pour retrouver, au premier moment où l'existence lui était rendue, toute la réalité des chagrins qui depuis long-temps pesaient sur son cœur! D'une autre part, Delmont pouvait-il entretenir une funeste espérance, mentir volontairement? n'était-il point l'époux d'Hélène? n'avait-il pas pour celle-ci une tendresse fondée sur l'estime et la vertu? devait-il trahir plusieurs années de fidélité? Toutes ces pensées, mille autres sentimens se combattaient en lui. Il hésitait encore, lorsqu'un soupir étouffé attira impérieusement son attention. Il ne balança plus à reporter ses regards sur Alinska; il reconnut, avec terreur, qu'elle venait de s'évanouir de nouveau : le passager coloris n'était plus sur ses joues, et ses paupières étaient abaissées de nouveau.

Craignant d'avoir donné le coup fatal à cette misérable créature, il s'élança impétueusement hors de la chambre, appelant à hauts cris le chirurgien et les gens de la maison. Tous accoururent pleins d'alarmes. Il leur conta que l'étrangère, qui d'abord avait paru revenir à elle, et qui même avait prononcé quelques mots, était bientôt retombée dans un accablement peut-être bien dangereux.

« Elle a parlé! dites-vous, s'écria le Docteur, elle a parlé! En êtes-vous bien assuré? Monsieur, cela me paraît tout impossible. Si néanmoins la chose est certaine, je ne puis plus rien assurer en tout ce qui concernera cet être indéfinissable. »

Delmont, revenu de son premier saisissement, assura le chirurgien que la malade avait dit, pas positivement: *Où suis-je? qui est près de moi?* Certes, ce n'était pas ainsi qu'elle s'était exprimée; mais le colonel n'avait garde de faire connaître la fâcheuse vérité. Mélervant trouva Alinska avec un mouvement fébrile très-prononcé. Il ne dissimula point que le danger se présentait sous un aspect sinistre, et qu'il fallait que l'étrangère eût éprouvé une révolution dont les suites pouvaient devenir très-funestes. A ce propos, Delmont sentit une foudre intérieure le frapper. Craignant de ne pouvoir commander aux poignantes émotions de son âme, il se hâta de se retirer, et passa dans la grande salle, où, durant plus d'une heure, il se promena, sans oser revenir près de sa femme, ni rentrer dans la chambre où peut-être Alinska allait rendre le dernier soupir. Oh! combien, de ce moment, se reprocha-t-il avec vivacité les erreurs de sa jeunesse, la faute impardonnable qu'il avait commise, en cherchant à allumer dans le cœur franc et sensible d'Alinska une flamme qui devait avoir de si cruels résultats ! Alors il ne songeait point au passé ; il croyait que l'amour disparaît avec autant de facilité qu'il prend naissance ; il ne connaissait pas alors que cette passion, si frêle pour l'ordinaire, devient éternelle lorsqu'elle agit sur certains caractères. Il en obtenait la preuve par la constance d'Alinska ; rien n'avait pu la distraire de sa tendresse. L'éloignement, l'absence, les mauvaises façons, avaient glissé sur son cœur, sans le refroidir ; et maintenant il conservait tout le délire de la passion qui l'enivrait autrefois. Que de tourmens ! que de combats préparait à Delmont cette fièvre de l'âme !

Il voyait l'avenir à travers un nuage effrayant, et avec terreur il s'abandonnait à sa destinée. N'était-il pas également tourmenté par l'espèce de rivalité qui semblait prête à s'élever entre lui et le Docteur ? Celui-ci, jeune encore, pouvait prétendre, par ses qualités et la grâce de ses formes, à inspirer un tendre attachement. Il viendrait persécuter Alinska ; il prierait, peut-être même, le colonel de parler pour lui ; et Delmont se sentait incapable de le faire.

Comme nous l'avons dit, la Hongroise, trompant toutes les probabilités, continua de marcher rapidement vers sa guérison. Vingt jours à peine s'étaient écoulés, et déjà elle pouvait se soulever dans son lit, parler quelque peu, et répondre aux brièves questions qu'on lui adressait ; mais elle n'était point en état d'entreprendre la narration du récit des événemens qui avaient eu lieu la nuit qui lui avait été si funeste. Madame Delmont à peine s'était, à cette époque, décidée à venir la voir. Sa vue lui rappelait si vivement la mort d'Eugène, qu'en entrant dans la chambre d'Alinska, elle perdit l'usage de ses sens, et fut plus d'une heure à pouvoir se remettre : d'abondantes larmes soulagèrent momentanément sa douleur ; et après une visite silencieuse, elle se retira dans son appartement. Quoique privée de la société de la maîtresse de la maison, Alinska n'était point seule. Mélervant se plaisait à rester auprès d'elle, autant que ses occupations le lui permettaient. Delmont, entraîné par un sentiment irrésistible, y venait bien souvent, quoique chaque jour il se jurât de rendre ses visites moins fréquentes. Mais il s'arrangeait de manière à ne jamais rester seul avec Alinska; il redoutait une seconde explication, qui eût pu amener des résultats aussi fâcheux que la première.

Vainement la Hongroise, déjà à plusieurs reprises, avait essayé d'éloigner des témoins importuns; ses efforts n'étaient point couronnés du succès. Delmont veillait à ne point être surpris, et il se retirait toujours à l'instant où il aurait pu se trouver seul avec la victime d'un amour malheureux. Un dépit extrême, dans ces momens décisifs, éclatait sur la figure d'Alinska, ordinairement tant impassible. Elle cherchait par un regard, à retenir auprès d'elle celui qui redoutait la juste amertume de ses reproches; et lorsqu'elle le voyait s'éloigner, elle s'abandonnait à un courroux dont avait à souffrir celle qui demeurait dans la chambre, et qui, parfois, tombait même sur le Docteur. Celui-ci, toujours plus épris de l'étrangère, supportait, avec une rare patience, des vivacités dont il ne pouvait soupçonner la cause, et qu'il attribuait uniquement à la violence de la douleur physique. Il essayait de ramener, par ses soins et ses discours, le calme dans une âme agitée. Il déclarait que l'exaltation ou la colère étaient très à redouter dans de pareilles positions, et que l'on ne pouvait espérer de guérison que par un calme complet dans les affections morales. Un sourire moqueur était presque toujours la réponse qui était faite à ce genre de menace : alors Alinska paraissait le traiter avec la supériorité dédaigneuse que prend celui qui croit mieux connaître l'état des choses, envers celui dont il soupçonne l'infériorité. Mélervant endurait ces caprices avec une patience admirable ; il en attendait une récompense qui, dans son idée, le referait de tout ce qu'il aurait souffert.

Alinska, au bout de deux semaines, et à l'époque où l'hiver commence à peser sur les campagnes, déclara qu'elle pouvait se lever. Le Docteur, à ce discours, poussa presque des cris de désespoir. Il assura que la faiblesse de la malade était encore trop entière, pour lui laisser contenter son désir; qu'elle devait patienter encore au moins jusqu'au renouvellement de l'année; que, quelque vigueur que pût avoir le tempérament d'Alinska, il ne répondait pas d'une rechute, si elle ne se résignait pas à demeurer dans son lit. Elle ne répliqua rien, ainsi qu'elle avait la constante coutume de faire durant tout le temps de sa maladie, lorsqu'on lui proposait ce qui ne lui était pas agréable. Mais, après la retraite du Docteur, elle pria la garde d'aller chercher à l'office un fruit qu'elle souhaitait; et, dès qu'elle fut seule, elle se hâta de s'habiller.

La surprise de la garde, en revenant, fut grande; elle se lamenta sur la hardiesse avec laquelle Alinska avait mis de côté les ordonnances de Mélervant; elle la menaça enfin de la sévère indignation de celui-ci, lorsqu'à son retour il ne la trouverait pas alitée. Cette menace n'épouvanta point celle qui l'entendit. Après avoir fait quelques pas dans la chambre, elle fit demander à madame Delmont si elle pourrait la recevoir.

CHAPITRE XV.

Madame Delmont, et son mari plus encore, étaient loin de s'attendre à voir paraître Alioska devant eux. Craignant que, par son impatience elle n'abusât de sa santé, tous deux, au lieu de lui répondre selon ses désirs, se transportèrent dans sa chambre.

« Que faites-vous, madame, dit Hélène en entrant? est-ce ainsi que vous êtes docile aux volontés de notre docteur? Il vous avait ordonné une retraite plus prolongée, et voilà que sans son autorisation, vous vous y soustraisez.

— J'ai, répondit Alinska, la plus haute opinion des talens du Docteur; mais je crois que la médecine a des bornes, au delà desquelles elle n'a plus la faculté de rien apercevoir. Notre ami, je me plais à lui donner ce nom, juge mon état d'après ce qu'il a déjà vu dans des circonstances qui lui ont paru semblables; mais tout en moi doit le tromper : je jouis d'une existence extraordinaire; je ne puis complétement mourir et vous en avez la preuve. Dois-je donc, lorsque je sens mes forces s'accroître, me remettre aux avis qui ne pourraient que prolonger ma convalescence ? Je me sens bien ; je veux agir en conséquence. »

Madame Delmont, depuis le temps qu'elle avait reçu l'étrangère dans le château, avait appris qu'il était inutile de chercher à lutter contre sa volonté : elle ne l'essaya pas dans cette circonstance. Elle se contenta seulement de lui répliquer, qu'elle devait savoir, mieux que tout autre, ce qu'elle avait à faire ; et que sans doute la prudence la guiderait toujours. Le colonel gardait un profond silence. Il revoyait alors Alinska presque pour la première fois ; il contemplait, dans un morne attendrissement, les ravages que les malheurs et la souffrance avaient faits sur cette belle figure. La jeune Hongroise avait perdu le brillant coloris qui parait ses charmes; ses yeux semblaient inanimés, et cependant elle méritait encore d'attirer les regards, et de commander l'amour. Sa riche taille, la régularité de ses traits, la grâce qui embellissait tout, lui restaient encore; et, plus que tout cela, elle avait, pour intéresser, l'ensemble d'une physionomie empreinte d'une profonde mélancolie; elle montrait à découvert les angoisses de son âme; elle inspirait un constant besoin de calmer ses douleurs, et de la rendre au bonheur pour lequel elle avait été créée.

Alinska, de son côté, traitait le colonel avec cette froide politesse qui annonce que celui auquel on l'adresse nous est inconnu ; elle commandait à ses propres sentimens, afin qu'ils n'éclatassent pas malgré elle. Mais si elle était certaine qu'un témoin indifférent ne pouvait la surprendre, alors son regard s'animait ; il lançait à Delmont des reproches amers, ou parfois il paraissait lui dire : reviens, et tout sera pardonné. Il ne les entendait que trop, ces avances mystérieuses ; il croyait cependant pouvoir les braver : oubliant, l'insensé, que, pour vaincre les périls de ce genre, il faut, non les affronter mais les fuir. Amans, qui vous flattez de ne pas renouer la chaîne depuis long-temps brisée, vous serez positivement trompés dans votre attente : deux cœurs qui se sont aimés, et qui se retrouvent, se réunissent presque toujours.

Tandis qu'une conversation bienveillante s'engageait entre ces personnages, le Docteur arriva de la course qu'il avait été faire dans la commune de Falgarde. Déjà, dès son entrée au château, on lui avait appris le peu de cas que l'étrangère avait fait de ses conseils précis ; il venait pour lui faire quelque querelle, et toute sa colère disparut, en la voyant dans un état qui prouvait, d'une manière positive, son entier rétablissement.

« Je vois, madame », lui dit-il

néanmoins, que mes soins ne vous sont plus utiles ; désormais à vous seule appartient le droit de vous guider. Vous avez secoué mon autorité, puissiez-vous ne pas avoir à vous en plaindre !

— Pourquoi voulez-vous, monsieur, reprit-elle, que je n'aie plus recours à vos rares talens ? ils me seront toujours nécessaires, lorsque la nature m'abandonnera. Croyez que maintenant toutes mes forces sont revenues. Mon cœur, qui respire plus librement en recouvrant son énergie, s'est rempli davantage de la reconnaissance que vous lui inspirez. Permettez-lui de vous en offrir une faible marque, et ne lui faites pas l'affront d'un refus. »

En achevant ces paroles, Alinska prit sur une table une superbe bague en diamant, et d'une valeur très-considérable. Elle la présenta au Docteur, qui, tout surpris, ne savait ce qu'il devait faire. Il eût voulu repousser un don, qu'il trouvait supérieur à ses soins; il eût voulu que la jeune beauté s'acquittât envers lui d'une autre manière. Mais Alinska était si imposante lorsqu'elle cherchait à éloigner l'apparence de la familiarité, qu'il ne refusa que faiblement le riche cadeau. Elle hésita de nouveau, avec tant de grâce et de persévérance, que force fut à lui de céder. Il prit, en soupirant, cette bague, la plaça à son doigt, et ne put s'empêcher, par un regard, de faire connaître au colonel que ce n'était pas la manière avec laquelle il eût souhaité qu'Alinska reconnut les soins qu'il avait pris d'elle.

Madame Delmont était impatiente que la révélation fût faite de tout ce qui s'était passé durant l'affreuse nuit, dont le souvenir ne périrait qu'avec elle; en même temps, elle se sentait incapable d'en ouïr les tristes détails. Ne voulant néanmoins pas retarder le récit qu'on espérait de l'étrangère, elle se leva de son siége, après avoir renouvelé ses complimens au sujet de l'heureuse guérison d'Alinska, et elle la laissa avec le colonel et le docteur, qui étaient chargés de recevoir ses déclarations.

Elle tressaillit, lorsqu'une demande à ce sujet lui fut adressée : on put lire sur son visage, combien elle était contrariée d'avoir à rapporter son attention vers ce désagréable sujet. Elle garda un instant le silence, soit pour se recueillir, soit dans la pensée qu'on ne renouvellerait plus la question. Elle se trompa : Delmont, de nouveau, la répéta d'une voix mal assurée. Alinska, encore plus émue, tournant ses beaux yeux (qui prirent une expression à laquelle ils n'étaient pas accoutumés) vers le colonel, parut disposée à lui obéir, et elle prit la parole en ces termes :

« Madame Delmont, accablée de fatigue, m'avait priée de veiller en sa place le cher et malheureux enfant qu'elle a perdu.... »

Ici le colonel poussa un amer soupir. Alinska, toute troublée, s'arrêta en même temps, et une expression douloureuse contracta rapidement ses traits. Elle hésita avant que de poursuivre; mais enfin, prenant sa résolution, elle continua....

« Je n'avais rien à refuser à cette généreuse dame, et, malgré ma répugnance, dont alors je ne pouvais me rendre compte, et qui s'est trouvée justifiée par l'événement, je consentis à passer la nuit auprès du pauvre Eugène. Vers minuit, le sommeil, qui depuis plusieurs années ferme rarement mes paupières, vint m'assaillir avec tant de force, que, luttant vainement contre lui, je me vis contrainte à lui céder. Je penchai ma tête contre le dos d'un fauteuil et, en peu d'instans, mes paupières se fermèrent. Je ne puis vous rien apprendre dès ce moment, jusqu'à celui où je fus brusquement réveillée par un bruit assez fort. J'ouvre les yeux, et, à la clarté de la lune, je vois dans la chambre quatre hommes armés, qui s'avancent vers moi. La terreur ne me permet point de répandre l'alarme, en appelant à mon secours. L'un me prend par les bras, un autre s'avance vers le lit de l'enfant; alors la porte du salon est ouverte avec violence, Raoul paraît soudain. Deux coups de pistolets sont tirés. Dirai-je par qui? Je l'ignore; le second me frappe, et je tombe, croyant ne plus me relever. Sans doute que les brigands s'étaient introduits par la fenêtre, car j'ai entendu dire depuis par ma garde, qu'on avait trouvé une échelle de corde qui descendait aux pieds des murailles. Pour moi, je ne l'affirmerai pas, je n'ai vu que les assassins et la mort, que certainement ils me destinaient. Il me serait également impossible d'assurer une cause précise au trépas de votre fils. Etait-ce le moment de sa fin ? ou bien, la peur l'aura-t-elle avancée. Hélas! il ne pourra pas vous le dire, et rien de mortel ne sera instruit des secrets du trépas. »

Ainsi Alinska raconta l'histoire, et nul ne pouvait en contester la véracité : elle seule survivait ; ceux qui eussent pu la démentir, et peut-être la faire mieux connaître, étaient à jamais exilés de cette terre, où le crime et le mensonge triomphent trop souvent de la franchise et de la vertu. D'aussi faibles éclaircissemens ne débrouillaient rien. On n'avait trouvé nulle trace des meurtriers, malgré les plus actives recherches ; mais cependant ils s'étaient montrés. Un témoin non équivoque assurait leur apparition, et Raoul immolé, et une femme à demi expirée, étaient la preuve certaine qu'un crime horrible avait été commis ; un faible enfant en était encore la déplorable vi time. Delmont et Mélervant se perdaient dans leurs réflexions, tandis qu'Alinska était retombée dans son impassibilité accoutumée. Elle exprima à ses interlocuteurs le désir qu'elle avait d'être seule durant un peu de temps, afin, dit-elle, de donner à ses sens affaiblis le moyen de se remettre de la secousse morale que son récit venait de lui faire éprouver. Un pareil désir était un ordre, auquel Delmont et le Docteur obéirent. Ils s'éloignèrent sur-le-champ, et furent tous les deux faire part à madame Delmont de ce qui venait de leur être raconté. Ce récit toucha faiblement cette dernière ; il ne lui apprenait rien de son fils ; le mystère de sa mort tant imprévue ne lui était pas révélé. Le reste ne l'occupait guère : elle ne voyait en cela qu'une attaque ordinaire de brigands, qui, sans être couronnée du succès, avait néanmoins été sanglante.

Alinska, depuis ce moment, recommença le cours de sa vie ordinaire. Renfermée presque toujours dans sa chambre, elle ne se montrait en général qu'aux heures des repas ; et, après le dîner, elle consentait parfois à passer la soirée avec la famille. Sa conversation alors était grave et mélancolique ; elle semblait avoir entièrement oublié sa passion pour le colonel, et les mots qu'elle avait prononcés lors de leur première entrevue. Être incompréhensible ! qui, tout ensemble, était entraîné par la plus délirante tendresse, alors qu'une complète indifférence se peignait sur tous ses traits !

Delmont, en remarquant cette conduite, était chaque jour moins vigilant à éloigner une rencontre que la Hongroise paraissait ne plus souhaiter. Il allait jusqu'à s'imaginer que la secousse terrible que les sens d'Alinska avaient éprouvée, et le sang qu'elle avait perdu, en renouvelant ses principes de vie, pouvaient avoir amorti les flammes de son cœur : un tel effet, produit par une pareille cause, eût été pour lui bien heureux. D'un autre côté, il s'oubliait, parfois, à contempler avec trop d'intérêt des traits charmans, que l'amour avait jadis gravés dans sa mémoire. Il les comparait, malgré lui, dans leur imposante et énergique vivacité, à ceux plus calmes, plus délicats, peut-être, de la vertueuse Hélène; et ceux-ci perdaient tout ce que les autres pouvaient gagner. Delmont était homme; et, comme son sexe, il possédait une portion de cette propension funeste qui nous porte impérieusement, moins vers les beautés douces et modestes, que vers celles qui déploient, pour nous tenter, l'impétuosité d'un caractère ferme. L'amour-propre, dans ces circonstances, vient souvent au secours d'un sentiment exagéré ; il est flatté des efforts qui sont faits pour lui plaire ; il les apprécie peut-être au delà de leur valeur, tandis qu'il dédaigne presque une affection simple et naturelle, qui n'emprunte rien aux mouvemens désordonnés.

Alinska avait quitté, pour Delmont, ses parens et sa patrie ; elle avait vaincu, pour le chérir, les effets de l'absence, et oublié ses coupables procédés. Elle se présentait belle de ses attraits et de ses sentimens passionnés, tandis qu'Hélène, ayant tranquillement accueilli les hommages de son époux, lui avait abandonné sa main ; et depuis que son union était conclue, s'était montrée tendre, il est vrai, mais sans emportement, sans délire. Ces deux rivales combattaient donc pour le même cœur avec des armes inégales. La victoire pouvait-elle être incertaine? Nous ne le pensons pas; les droits du devoir sont bien faibles, lorsqu'ils ne sont pas soutenus par les vivacités d'un ardent amour.

L'on était alors dans toutes les horreurs de l'hiver. Tantôt la pluie rendait les chemins impraticables; tantôt le souffle glacé du vent du nord raffermissait la terre détrempée, et permettait la promenade. Alors le colonel reprenait son goût pour l'amusement des héros; il allait chasser le lièvre rapide, ou les oiseaux de l'air, qui, dans cette saison inhospitalière, ne trouvaient qu'avec peine un abri sur les arbres dépouillés de leur feuillage, et une nourriture que de fortes gelées les empêchaient de tirer des champs. Un matin, où le givre couvrait la terre, le soleil se leva dans toute sa pompe accoutumée. Quelques légers brouillards, répandus dans le creux des vallons, éclaircissaient leurs masses ténébreuses; ils montaient au milieu des airs, et le vent qui soufflait avec douceur suffisait à les dissiper. Édouard crut que le moment était favorable pour essayer à la chasse un superbe chien qu'il venait naguère d'acheter; et, sans en prévenir madame Delmont ni

Alinska, à l'heure du déjeûner il partit, son fusil à la main, et tourna ses pas vers les côteaux qui montaient à Mervilla.

Le gibier, continuellement poursuivi par de nombreux ennemis, disparaît chaque jour de cette contrée. Delmont, pour en rencontrer quelques pièces, dut parcourir un grand espace de terrain. Il traversa successivement les communes de Péchabou, de Pompertusat, de Deymes, de Montbrun, revint par Coronsac; et, fatigué enfin d'une marche prolongée, qui néanmoins avait été fructueuse, il voulut se reposer un instant avant de rentrer au château, où l'appellerait bientôt l'heure fixée pour le dîner. Non loin de lui, au penchant d'une colline rapide, la nature a placé sur trois plans différens, des réservoirs assez étendus, qui sont alimentés par une fontaine féconde, dont la source ne tarit jamais. De beaux arbres, quelques peupliers d'Italie, des chênes séculaires, des saules d'Orient, et une foule de jolis arbustes, décorent ce lieu, qui, par sa situation, sa fraîcheur, l'ombrage dont il est couvert lorsque le printemps a ranimé la nature, offre un asile délicieux au voyageur fatigué, aux amis qui jouissent de se retrouver ensemble, et aux amans heureux de s'y dérober aux regards d'une compagnie importune. La vue qu'on a de ce lieu est assez étendue ; elle se prolonge sur des croupes fertiles et boisées, qu'animent de nombreuses habitations, et qu'enceignent, dans un vaste horizon, les cimes anguleuses et couvertes de neige des Pyrénées.

Dans ce moment, les Viviers, comme on les nomme dans le pays, avaient perdu une partie importante de leurs agrémens ; le deuil universel de l'hiver y triomphait comme dans tout le reste de la campagne : à peine quelques ronces vigoureuses, et le lierre toujours verd, les ornaient de leurs guirlandes variées. Plusieurs bancs, creusés dans un rocher sans consistance, offraient un siége commode à Delmont. Il en profita, et, appuyé sur la crosse de son fusil, il tomba dans une profonde rêverie, à laquelle ajoutait un charme particulier le bruit monotone et continuel d'une source qui, passant au travers d'un conduit de bois, venait tomber du bassin supérieur, dans celui du milieu.

Mille pensées tour à tour assaillirent Édouard; mais, au milieu de leur conflit, celles qui le rapportèrent aux temps de sa première jeunesse ne tardèrent pas à effacer toutes les autres: il se croyait encore aux pieds des monts de la froide Hongrie; il se rappelait que, durant les rigueurs d'un long hiver, il avait souvent foulé des campagnes couvertes de neige, en la compagnie d'une femme qui alors lui semblait un ange. Sa mémoire en ce moment lui présenta les paroles d'une romance qu'il avait composée pour Alinska, à ces époques de bonheur où quelquefois une passagère jalousie agite le cœur de l'amant le mieux chéri ; et cédant au désir de la répéter tout entière, il éleva la voix, et la chanta presque sans s'en apercevoir :

NON, NON, JE NE SUIS PLUS AIMÉ.

ROMANCE (1) N° III.

Non, non, je ne suis plus aimé,
Pour moi tu n'as plus de tendresse ;
Du rêve que j'avais formé
Ton caprice a détruit l'ivresse ;

(1) Mise en musique par Mlle Adèle Sendrier.

A tromper l'amour alarmé,
Crois-moi, ne mets point tant d'adresse.
Non, non, je ne suis plus aimé,
Pour moi tu n'as plus de tendresse.

Tu ne ressens plus loin de moi
Les craintes, filles de l'absence;
Quand je me rapproche de toi,
L'amour n'est plus dans ton silence.
Sans t'émouvoir tu m'as nommé;
Le nom d'un autre t'intéresse.
Non, non, je ne suis plus aimé,
Pour moi tu n'as plus de tendresse.

Ton œil ne peint que des refus,
Et tu ne sais plus me sourire.
Ton beau sein ne s'agite plus,
Quand je parle, ou quand je soupire.
De rigueurs ton cœur s'est armé.
Plus de transports, plus de caresse.
Non, non, je ne suis plus aimé,
Pour moi tu n'as plus de tendresse.

Il venait de terminer le dernier couplet, et paraissait ne point sortir

NON, NON, JE NE SUIS PLUS
ROMANCE.
Musique de Melle A. SAND
N°3.
Langoroso.
Chant.
Piano
ou
Harpe.
Non, non, je ne suis plus ai-me, pour moi
-me, ton ca-price a détruit l'i-vres-se; à trom-per l'a-mour
-dres-se, non, non, je ne suis plus ai-mé, pour moi tu n'as plus de te

NON, NON, JE NE SUIS PLUS AIMÉ.
ROMANCE.
Musique de Melle A. SANDRIÉ.
je ne suis plus ai - me, pour moi tu n'as plus de ten - dres - se du - rê - - -
i - vres - se; à trom - per l'a - mour al - lar - me, crois - moi, ne mets point tant d'a -
i - mé, pour moi tu n'as plus de ten - dres - - - - - - - - se.

ROMANCE.
Melle A. SANDRIÉ.

encore de sa rêverie, lorsqu'il en fut subitement arraché par le bruit que firent quelques morceaux de terre en tombant dans les eaux du vivier. Il leva la tête pour en connaître la cause, et ce ne fut pas sans une extrême émotion qu'il vit Alinska, celle qui à cette heure l'occupait si fortement, descendre un petit escalier tournant autour du bassin, décoré d'une balustrade en bois et d'un travail rustique, et qui venait aboutir auprès du siége sur lequel Delmont était assis. Le colonel ne pouvait éviter la Hongroise qu'en se retirant à travers les champs; ce qu'il ne pouvait faire, sans manquer à toutes les règles de la bienséance. Il était incapable d'agir ainsi : néanmoins, il n'était pas tranquille sur les suites de cette entrevue, dont il appréciait tout le danger. Ne pouvant commander à sa première surprise, il se leva précipitamment, tandis que la jeune beauté, éprouvant peut-être des sentimens pareils aux siens, s'arrêtait sur un pont placé au milieu du sentier, et appuyant sa main contre la frêle balustrade, semblait craindre de perdre l'usage de ses sens.

Ils demeurèrent quelque temps ainsi, en présence l'un de l'autre, incertains de ce qu'ils devaient faire. Alinska, néanmoins, reprit sa course, à la suite d'un violent mouvement qu'elle fit, comme pour se donner le courage qui lui manquait, et, descendant les derniers degrés de l'escalier, elle parvint auprès de Delmont.

CHAPITRE XVI.

« Vous inspirerai-je, lui dit-elle d'une voix oppressée, un fatal éloignement ? ne pouvez-vous plus me voir qu'avec crainte ? et m'aura-t-il fallu avoir recours au hasard pour me retrouver avec vous ? »

Édouard, ainsi attaqué, sentit la nécessité de répondre ; mais en même temps il redouta de ne point pouvoir tenir ses paroles dans un juste milieu, et le désagrément de sa position le frappa au dernier point.

« Hélas ! répliqua-t-il, nous convient-il de nous retrouver l'un et l'autre ? Les événemens, qui détruisent tant de volontés, ne nous avaient-ils pas séparés pour toujours ? Devais-je, Alinska, m'attendre à vous revoir à cette extrémité de la France, lorsque les nœuds qui nous unissaient avaient été violemment dénoués ?

— Et par qui, Édouard, le furent-ils ? est-ce moi, ou vous, qui doit mériter ce reproche ? Le temps seul a passé entre nous. Mes faibles attraits ont pu disparaître ; mais mon cœur n'a pas changé. Vous en acquérez en ce moment la triste preuve ; elle doit vous accabler.

— Je n'ai pas besoin, Alinska, de

votre présence, pour m'adresser des reproches que je me suis faits depuis long-temps. Les torts de ma jeunesse se représentent sous les plus noires couleurs à mes regards; je sais combien vous fûtes trompée, et ma conscience à chaque heure me retrace le tableau du passé. Mais que pouvons-nous faire maintenant? les choses présentes ne peuvent cesser d'exister. Notre position est pénible; il ne nous reste plus néanmoins, qu'à la supporter avec courage : le destin nous le commande ainsi.

— Vous vous expliquez, Edouard, d'une manière bien obscure. Parlez-moi avec franchise; que je ne trouve ni embarras dans vos réponses ou dans votre personne ; dites-moi tout ce que vous pensez, et je m'exprimerai avec une loyauté pareille.

— Eh ! comment me serait-il possible de démêler moi-même ce qui se passe dans mon cœur ? Le devrai-je enfin, lorsque je le pourrais ? n'est-il pas des liens impérieux qui m'attachent ? ceux-là ne me commandent-ils pas ? Soyez plus généreuse que moi, Alinska ; faites volontairement un sacrifice qui est nécessaire. Oubliez-moi, si vous le pouvez.....

— Vous avez raison d'employer le doute, en traitant ce point important. Je suis pareille à vous, Edouard, j'ai aussi mes faiblesses, mes torts peut-être. Vous n'avez pas craint de m'abandonner, de porter à une autre une foi que vous m'aviez engagée; et moi, je ne puis triompher de mes sentimens, lors même que leur inutilité me frappe. Je sais que ma présence vous importune; je ne puis m'éloigner. Je sais qu'il ne me reste aucune espérance, et pourtant je me complais à caresser une vaine chimère. Et pourquoi voulez-vous que je vous sois supérieure? Ce que vous n'avez pu me conserver, je me sens incapable de vous le ravir.

— Vos discours, Alinska, redoublent mon profond désespoir. Je donnerais ma vie, pour que ce qui est ne fût pas; pour que, tranquille et par conséquent heureuse, vous goûtassiez en paix les plaisirs de l'existence.

— Il est, Edouard, répondit Alinska avec une expression sinistre, des souhaits qui ne peuvent plus être exaucés. Il n'est plus pour moi, sur la terre, de repos et de bonheur. Je n'en retrouverai pas davantage, lorsque j'irai me coucher dans la dernière demeure; et c'est vous seul que je dois accuser de cette cruelle infortune. Vous donneriez pour moi votre vie, dites-vous? Ce sacrifice n'est pas en votre pouvoir. Ne m'appartenez-vous pas déjà? n'en ai-je pas la promesse sacrée? ne fut-elle pas écrite avec votre propre sang?

— Je ne nie pas que je vous ai remis le monument de mon amour. Mais, vain écrit ! que ma conduite a démenti, de quelle ressource peut-il être maintenant pour vous ? Nos lois ne le reconnaissent point, et mon union est indissoluble.

— Vos lois ! toujours vos lois ! n'entendrai-je jamais parler d'autre chose ! eh ! que m'importent les formes que les hommes ont voulu consacrer ? Elles sont futiles, malgré leur apparente gravité ; elles sont surtout, passagères comme ceux qui les ont instituées. Je ne veux point descendre à vous reprocher votre parjure devant les tribunaux de votre pays ; je me ferai mieux entendre à celui de l'Etre incorruptible qui décide, non sur des mots, mais sur les causes elles-mêmes. Ce fut lui que vous reconnûtes pour votre juge naturel, lorsque vous scellâtes la promesse de ne prendre d'autre femme que votre Alinska. Tremblez, malheureux, qu'il ne vous punisse de votre parjure. Connaissez-vous tous les moyens dont il peut se servir pour vous frapper droit au cœur?

— Malheureuse Alinska, calmez-vous, soyez moins emportée. Si je ne puis désormais vous offrir ma main, souffrez qu'un plus pur sentiment remplace une tendresse impétueuse. Vous ne pouvez plus être mon amante, soyez mon amie; contentez-vous de ce titre sacré; et qu'il nous rapproche de nouveau par une chaîne qui, moins brillante que celle de l'amour, sera certainement plus durable. »

La Hongroise semblait avoir de puissantes objections à faire au colonel; mais tout à coup, donnant à sa sombre physionomie une expression plus indifférente :

« L'amitié! dites-vous, la froide amitié est tout ce qu'Edouard me propose en retour de tant d'années de tendresse et de souffrance! Je dois, ou m'éloigner de lui pour en recevoir de loin en loin quelques lettres glacées qui me désespéreraient, ou rester dans sa demeure, et là, témoin du bonheur d'une autre, je me livrerais à un supplice continuel ! l'alternative est cruelle. Il ne m'est néanmoins pas possible de demander une autre condition. Insensée que j'étais, là, toute à l'heure encore, lorsque, cachée derrière ces arbres, j'entendais des accens qui allaient à mon âme, répéter un chant et des paroles que je n'ai point oubliés !

— Ils ont dû vous donner la preuve que vous étiez souvent présente à ma pensée, et que je me rappelle, avec amertume, des temps qui furent pour moi si heureux. Mais, Alinska, je vous en supplie, sauvez-vous, sauvez-moi de mon désespoir ; faites un effort sur vous-même, et ne cherchez point à vous venger, ainsi que vous me l'avez annoncé dans cette dernière et virulente lettre......

—Rassurez-vous, Edouard; depuis le jour où je l'écrivis mes idées ont pris un autre cours. Ce ne sera point par des moyens humains que je veux chercher ma vengeance; je puis l'attendre de quelques événemens supérieurs; elle dépend aujourd'hui moins de ma volonté, que de celle de celui qui punit tous les parjures. Je voudrais même qu'il pût y renoncer; mais les vœux que sur ce point je pourrais former seraient inutiles : il ne reviendra pas du jugement qu'il a porté.»

Le ton imposant que prit la jeune fille, en prononçant ces paroles, inspira à Delmont une soudaine terreur. Accoutumé cependant à traiter, comme tous ses semblables, les affaires du cœur avec une excessive légèreté, il sentait en ce moment que, si la Providence ne se montrait point avec éclat la protectrice des amantes abandonnées, elle commandait du moins la punition de leurs séducteurs aux reproches perpétuels de la conscience. Delmont, frappé d'un coup imprévu, essaya de le repousser, et s'adressant à Alinska, en lui tendant la main :

« J'espère, dit-il, que notre Créateur me pardonnera mon offense, si vous êtes, la première, assez généreuse pour l'oublier. Ne repoussez pas ainsi, avec un froid dédain, cette main que je vous offre. Signons un pacte de paix. Prouvez-moi que vous serez fidèle à votre promesse, et que la tranquillité dont jouit ma femme ne sera pas troublée par vous.

— Et vous, Edouard, avez-vous pu sans honte prononcer le mot de fidélité? prouvez-moi pourquoi, plus que vous, je dois être fidèle? Après avoir rompu les sermens les plus sacrés, vous qui, peut-être, vous croyez un homme d'honneur, irez-vous jamais croire que d'autres auront plus de loyauté? Ou, seriez-vous descendu si bas dans votre propre estime, que vous fussiez contraint à avoir meilleure opinion des autres que de vous? Dailleurs, je vous le demande, que m'importe à moi le repos de votre femme? N'avez-vous pas détruit le mien? Je chercherai à vous être en tout supérieure; ce ne sera que vous que je tourmenterai. Si je ne puis achever de me vaincre, je suis sans pitié à votre égard : vous l'avez été, envers moi, avec une cruauté si réfléchie! »

L'amertume de cette réponse acheva de terrasser le colonel : elle lui parut insupportable à ouïr, et néanmoins elle était exempte de toute exagération. Dans son désespoir, il ne songeait pas que le temps fuyait, que déjà le soleil était parvenu aux bornes de l'horizon, et que, par suite, il devait retourner au château. Tout entier à sa situation présente, rien ne pouvait l'en détourner. Alinska, autant agitée, y songea néanmoins pour lui.

« Voici l'heure du repas, dit-elle; votre chasse ne pourrait être plus long-temps prolongée, sans causer des alarmes à celle dont le repos vous est si cher. Allez par ce chemin, il vous conduira directement au château; je vais m'y rendre, en côtoyant le sommet de la colline. Adieu, Edouard, je n'ai plus rien à vous dire. Mais que je crains pour vous le courroux du ciel! »

A ces mots, et sans s'arrêter davantage, Alinska remonta le petit escalier taillé dans le tertre voisin; et bientôt sa marche rapide la déroba aux regards de Delmont, qui, parvenu lui-même au sommet de la colline, cherchait d'un œil inquiet les traces d'une femme qui était née pour occuper toute sa vie. Il mit à revenir dans sa demeure, un temps considérable : le jour finissait de disparaître, lorsqu'il arriva. Déjà la Hongroise était rentrée; le colonel la trouva assise auprès d'Hélène, et paraissant toute occupée d'un feston qu'elle découpait.

La soirée s'écoula silencieusement. Le temps n'avait pas encore amorti la douleur de madame Delmont, il n'avait pu rien gagner sur elle. On la voyait presque toujours, dans une constante immobilité, tenir un livre dont elle ne tournait point la page, ou inonder de ses larmes le métier sur lequel elle brodait. Une morne mélancolie s'emparait d'elle : ce n'était que par instant que, reprenant l'exercice de ses esprits, elle témoignait à son époux qu'il lui était toujours cher. Elle ne permettait point à sa fille de jamais s'éloigner d'elle. Si, quelquefois emportée par sa fougue naturelle, Juliette oubliait l'ordre de sa mère, celle-ci, s'élançant toute éplorée hors de l'appartement, l'appelait à grands cris, ne paraissant rassurée que lorsque la jeune enfant était de retour. Durant de longues heures, elle examinait le riant visage de Juliette, il lui semblait que, déjà, elle était atteinte de la maladie funeste qui avait ravi son frère : alors son désespoir n'avait plus de borne. En vain le Docteur lui donnait-il les plus fortes assurances sur la santé de sa fille, il ne parvenait qu'imparfaitement à suspendre des angoisses qui renaissaient à la plus légère occasion.

Edouard, accablé à la vue d'une pareille tristesse, sentant qu'elle redoublait la sienne, craignait de laisser sa femme seule un instant; et d'une autre part, éprouvait près d'elle tous les tourmens d'une âme sensible violemment déchirée. Il voyait que sa femme, toute occupée de Juliette, ne s'apercevait pas qu'elle-même, par une telle exaltation, minait les principes de son existence. Déjà une pâleur sinistre paraissait sur ses joues; ses yeux s'enfonçaient; et sa poitrine affaissée laissait souvent échapper des sons rauques, comme si elle eût été attaquée par cette affreuse maladie, qui ne s'arrête jamais dans sa marche meurtrière.

Le lendemain de ce jour, Mélervant vint au château. Il arriva en même temps que le vétilleux gentilhomme Berneval. Celui-ci, toujours poussé par son inquiète curiosité, attendait avec une forte impatience le moment où il pourrait parvenir à rencontrer dans le salon de madame Delmont cette mystérieuse étrangère, dont l'histoire paraissait si intéressante. Il était déjà venu plusieurs fois, et jamais Alinska ne s'était offerte à sa vue. Il ne se flattait plus de la rencontrer lorsqu'avec beaucoup de joie, il l'aperçut assise à la gauche de la cheminée, tenant Juliette sur ses genoux. Ce qui distinguait monsieur de Berneval n'était pas le tact des convenances. Accoutumé à vivre à la campagne, avec des paysans auxquels il se croyait très-supérieur, il ne se gênait en rien ; il ne connaissait aucune de ces délicatesses qui sont dans la société l'apanage des gens bien élevés ; et tout fier de sa qualité, qu'on eût pu lui contester peut-être, il était souple devant ceux qu'il pouvait supposer au-dessus de lui, et d'une grossière hardiesse avec les autres. Dès qu'il eut pris sa place autour du foyer, il se hâta d'adresser à madame Delmont les complimens d'usage; puis, se tournant vers Alinska :

« Madame, lui dit-il, quoique peut-être ce titre ne vous convienne pas, car il serait possible que vous ne soyez pas mariée, ce n'est pas ma faute si je ne vous ai pas rendu plus tôt mes devoirs. J'ai paru devant votre porte il y a quelque temps, et votre valet de chambre, le ciel le lui pardonne! me refusa de m'introduire auprès de vous, avec une grossièreté bien étrange. Vraiment, je serais presque tenté de me réjouir de l'incendie qui a dévoré votre propriété, puisque c'est à lui que je dois l'honneur de vous faire ma cour. »

Cette étrange manière de s'exprimer ne plut à aucun de ceux qui l'entendirent. Alinska, à qui ce discours s'adressait, n'y voyant pas une interrogation directe, continua de garder le silence; tandis que le Docteur, croyant lui rendre service, se hâta de lui demander des nouvelles de sa santé : elle ouvrit alors la bouche, et en peu de mots lui répondit sur ce point. M. Berneval, peu découragé par le mécontentement qu'il pouvait lire, s'il l'eût voulu, sur tous les visages, se tourna vers Mélervant :

« Parbleu, savant Docteur, vous

êtes nanti d'un privilége que je ne possède pas, celui de faire parler cette belle dame.

— Il est vrai qu'elle me répond, monsieur, mais je le dois à la question que je lui ai faite, la seule que des gens bien nés puissent adresser à quelqu'un qu'ils ne connaissent pas.

— On m'avait bien dit, mon cher, riposta le gentilhomme, que vous donniez furieusement dans le libéralisme ; et vous ne vous gênez pas devant moi. Qu'est-ce donc, je vous prie, que des gens bien nés, si je ne suis pas compté dans leur nombre? »

Malgré la sévère froideur répandue sur le front d'Alinska, et son impassibilité ordinaire, elle ne put s'empêcher de sourire, en écoutant ce propos; tandis que madame Delmont haussait les épaules, et que le colonel, par prudence, arrêtait sur ses lèvres la réplique qu'il allait adresser à M. Berneval. Celui-ci, voyant le silence du chirurgien, crut l'avoir battu à plate couture, selon son expression favorite, lorsqu'il racontait ses démêlés avec les villageois; il poursuivit le cours de ses insignifiantes paroles, et raconta le nouveau démêlé qu'il avait avec un de ses voisins, contre lequel il avait transmis une dénonciation en règle au Préfet du département.

« Et quel tort a-t-il envers l'autorité, dit Mélervant, pour que vous ayez recours à celle-ci, dans une discussion qui est toute du ressort du Juge de paix?

— Belle question à me faire! monsieur l'Esculape du canton; un homme qui ose tenir tête à quelqu'un de mon rang ne peut être qu'un jacobin de première ligne : et cela seul prouve combien sa manière de voir est dangereuse. »

Delmont empressé de changer encore de conversation, demanda à M. Berneval, s'il était vrai qu'enfin la paroisse dût avoir un curé qui fût tout à elle.

« Oui, monsieur le colonel, lui répondit-il, je fus dîner samedi dernier chez monseigneur l'Archevêque. Ce savant et modeste prélat, qui daigne m'honorer d'une bienveillance toute particulière, me donna l'assurance qu'avant peu, notre église finirait un veuvage qui a duré trop long-temps. »

Madame Delmont se mêlant alors à la conversation, désira savoir si on connaissait le nom du nouveau curé.

« Non, madame, je l'ignore, répondit le gentilhomme; tout ce que je puis vous dire, c'est qu'on vante ses qualités, son esprit conciliant, la fermeté de son caractère. On dit qu'il a beaucoup d'instruction, et que, quoique étranger, il conviendra parfaitement à la paroisse. Il me tarde de le voir parmi nous; j'espère que, par ses prédications, il inspirera plus de soumission à la gent villageoise ; qu'il leur prouvera combien nous sommes supérieurs à eux ; qu'il cherchera surtout, à guérir les superstitions qui s'enracinent parmi le peuple, d'autant plus, que d'une autre part son incrédulité augmente.

— Vous m'étonnez, monsieur, dit le Docteur, lorsque vous parlez ainsi : vous, l'ennemi des superstitions ! Je les croyais parentes bien proches avec la masse des préjugés.

— Je ne sais ce que vous voulez dire par-là, mon cher ; je n'aime point les superstitions, parce qu'elles détournent les paysans de leur devoir. Depuis que ces imbéciles se sont mis en tête qu'il y a des Vampires dans la commune, ils ne veulent plus faire un pas la nuit hors de leurs maisons.

— Des Vampires, ici! des Vampires! s'écria Delmont. Cette exécrable fourberie se serait-elle propagée dans R***? Qui a pu y porter ainsi les fables hideuses de la Grèce et de la Hongrie? »

En achevant ces mots, le colonel ne put s'empêcher de porter ses regards sur Alinska. Il la vit toute décontenancée. Ses traits étaient renversés, exprimant une horreur sans pareille; elle avait ouvert la bouche à demi; ses yeux étaient immobiles, et par un mouvement rapide, qu'elle arrêta soudain, elle parut avoir voulu se lever pour s'éloigner. Peut-être une prompte réflexion donna au colonel la clef de l'étonnement pénible qu'Alinska éprouvait. Il était impossible qu'une fille de la Hongrie ne crût pas à la réalité des Vampires : plusieurs fois, elle en avait parlé avec lui. Elle lui avait raconté, sur ce point, des histoires toutes plus merveilleuses les unes que les autres : le seul nom des Vampires imprimait une constante terreur à tout le peuple de cette contrée. Devait-il, Edouard, être surpris de celle qui avait saisi Alinska, lorsque cette dernière, d'une manière si inopinée, avait entendu rappeler une superstition qui l'avait occupée à toutes les époques de sa vie? Il eût bien voulu, par égard pour elle, donner un nouveau tour à la conversation; mais la chose ne se pouvait plus. M. Berneval, charmé d'avoir à répondre à la question qui venait de lui être faite :

« C'est un malheureux qui n'existe plus, auquel nous devons la frayeur maintenant répandue dans nos campagnes. Votre domestique Raoul a raconté à ses amis l'histoire de ces démons avides de sang humain, à propos de la mort singulière d'une paysanne votre voisine. Depuis ce moment, l'effroi règne ici : on n'est plus obéi après que le soleil a cessé de luire. Les femmes ne sortent qu'au jour naissant, et les hommes, durant les ténèbres, ont beaucoup de peine à s'aventurer dans les champs. Pour Dieu ! madame, poursuivit le narrateur en s'adressant à Alinska, ne montrez pas une crainte pareille à celle de ce peuple d'idiots ; vous avez trop d'esprit pour croire à une telle folie. Ces démons, ces Boucolâtres, ces Vampires n'existèrent jamais que dans le cerveau de celui qui le premier imagina de parler d'eux. »

Ici la Hongroise jeta sur M. de Berneval un coup d'œil si lugubre, accompagné d'un sourire si affreux, que, malgré son assurance, il s'arrêta tout interdit au milieu de son discours, et perdit, avec la parole, l'envie de causer, qui ne le quittait jamais.

Le Docteur, étranger à ce que pouvait savoir M. Delmont, crut, à son tour, pouvoir traiter cette matière. Il plaisanta sur les rêves hideux que la Hongrie et les îles de la Grèce enfantaient. Il défia les Vampires de venir troubler le sommeil d'un homme courageux, et aurait continué ce badinage, si des signes expressifs et réitérés du colonel ne l'eussent interrompu. Un instant de silence s'ensuivit; lorsque tout à coup madame Delmont, parlant à son tour :

« Eh! pourquoi, dit-elle, rejeter opiniâtrément toutes ces créances mystérieuses ? Quelle que soit leur atrocité, pouvons-nous connaître en entier les moyens dont se sert la Providence pour nous affliger? Des Vampires peuvent exister, et peut-être même est-ce à un monstre de cette espèce que je dois la mort imprévue de mon fils..... »

Tout à coup un cri perçant échappe à l'étrangère; elle se lève impétueusement, veut faire un pas, et tombe sur le plancher, privée de l'usage de ses sens.....

FIN DU TOME SECOND.

www.ingramcontent.com/pod-product-compliance
Lightning Source LLC
LaVergne TN
LVHW010550110826
845149LV00003B/619